예쁘게 글씨 쓰기

1-1

예쁜 글씨체 / 받아쓰기 / 원고지 사용법 / 예습 복습

국어 교과서 따라

담터미디어

어린이 여러분과 학부모님께

    이 책은 초등학교 1학년의 국어 교과서 읽기, 쓰기에 맞추어 아름다운 우리글을 제대로 익힐 수 있도록 구성하였습니다.
    교과서에서 단원별로 다루는 중요한 핵심 글자나 낱말, 문장들을 뽑아 읽고 쓰는 연습을 충분히 하여 자연스럽게 예습과 복습이 되도록 꾸며졌습니다.

    오늘날에는 텔레비전이나 컴퓨터가 일상 생활화되면서부터 말과 글은 빨리 익히는 데 비해 글씨는 바르고 예쁘게 쓰지 못하는 경우가 많아지는 것 같습니다. 여러 가지 놀잇감과 편리한 도구의 발달 때문에 직접 글씨를 쓸 기회가 점점 줄어들어서 더욱 그런 것이겠지요.

    어린이 여러분, 예쁜 글씨는 한 자 한 자 정성 들여 따라 쓰고 익히다 보면, 점점 예쁘고 바른 글씨체로 바뀌며 마음도 안정되고 집중력도 길러진답니다.
    또한, 아름답고 고마운 우리글을 올바르게 사용할 수 있으려면, 의미만 통하도록 간단히 줄여서 쓰거나 소리 나는 대로 제멋대로 적는다거나 해서는 안 되겠지요. 글씨를 바르고 예쁘게 쓰는 것도 중요하지만 올바른 글을 쓰는 습관도 매우 중요하답니다.

    국어 교과서 순서에 따라 구성하였기 때문에 학교 수업 진도에 맞게 미리미리 공부하며 글씨체도 예쁘게 바로잡아 주고, 받아쓰기와 원고지 사용법 등을 재미있고 쉽게 익힐 수 있도록 구성하였습니다.

이렇게 꾸며져 있어요.

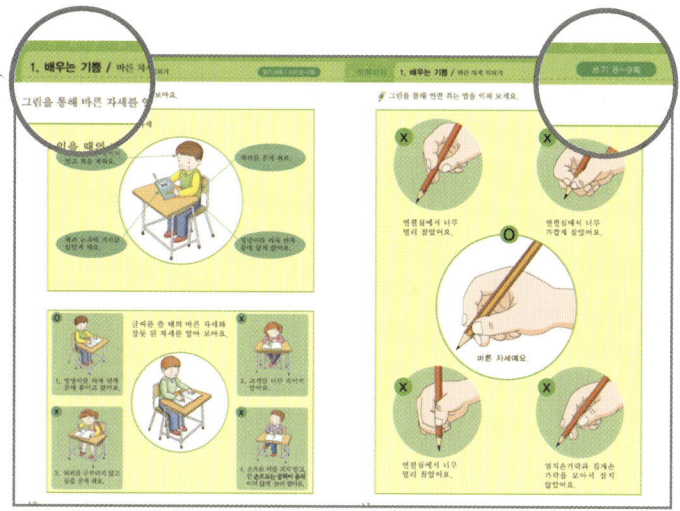

국어 교과서의 단원에 맞추어서 꾸며져 있으므로, 학교 진도에 맞게 받아쓰기와 예습, 복습을 할 수 있어요.

교과서의 과목별 쪽수를 표기해서, 내용을 쉽게 찾아 예습, 복습할 수 있도록 구성하였습니다.

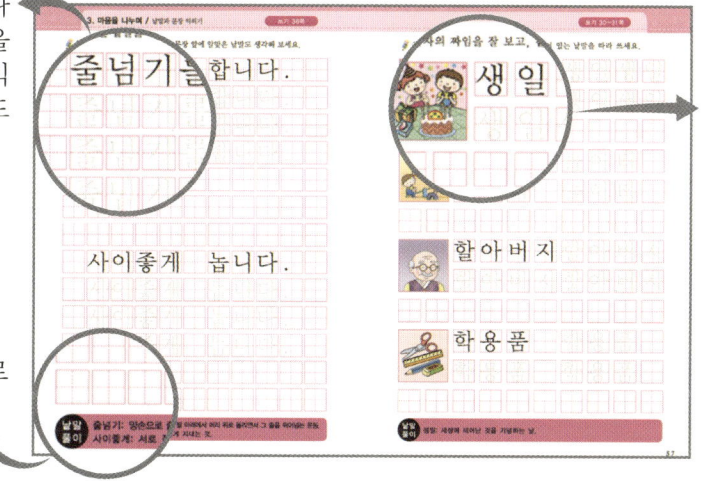

틀리기 쉬운 낱말이나 문장들의 쓰기 연습을 통해 예쁜 글씨도 익히고, 받아쓰기에도 대비할 수 있어요.

낱말 풀이를 바로바로 할 수 있도록 했어요.

그림을 넣어서 낱말의 뜻을 이해하기 쉽게 구성했으며, 쓰기 연습을 하는 데도 지루하지 않도록 했답니다.

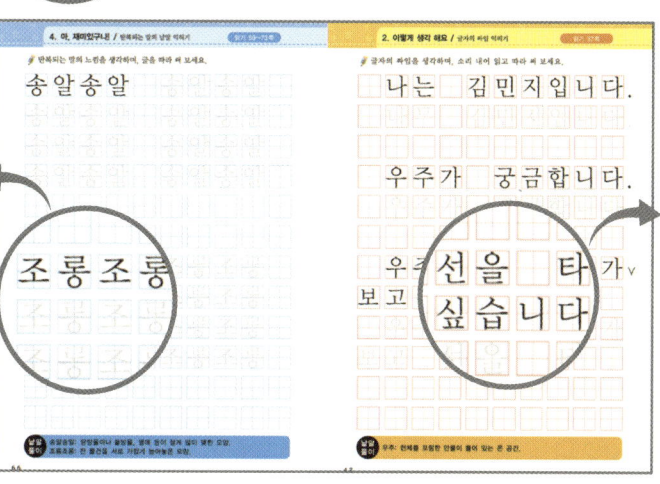

네모 칸 안에 딱 맞게, 쓰기 연습이 많이 되도록 구성되어 있으므로, 글자 모양과 크기가 일정해지면서 점점 예쁘고 바른 글씨로 바뀌게 될 것입니다.

문장들을 뽑아 원고지의 쓰기와 똑같게 쓰는 연습을 충분히 하여 원고지 사용법을 익힐 수 있도록 했습니다.

한글의 기본 모양을 익혀 보세요.

한글은 자음과 모음이 서로 조화롭게 합쳐져 그 모양이 만들어진 글자입니다.
쓰기의 기본이 되는 자음과 모음을 먼저 익히고 낱말과 문장 쓰기의 순서대로 익혀보세요.
꾸준히 한 자 한 자 따라 쓰기 연습을 하다 보면 예쁘고 바른 글씨체를 쓸 수 있답니다.

★ < 모양의 글자를 익혀 보세요.

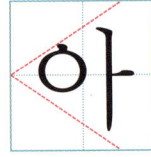 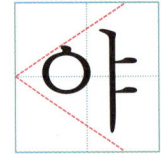 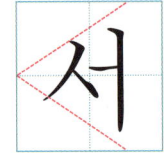  

▶ 이렇게 ㅏ, ㅑ, ㅓ, ㅕ, ㅣ의 모음과 합친 글자는 < 모양에 맞추어 씁니다.

★ ∧ 모양의 글자를 익혀 보세요.

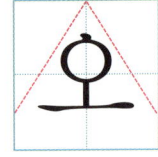 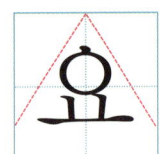 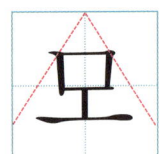 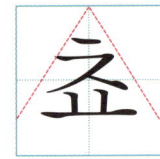 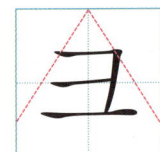

▶ 이렇게 ㅗ, ㅛ, ㅡ 의 모음과 합친 글자는 ∧ 모양에 맞추어 씁니다.

★ ◇ 모양의 글자를 익혀 보세요.

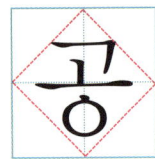  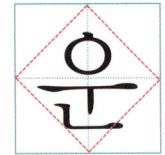 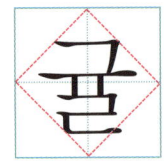 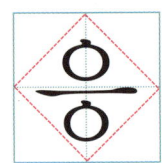

▶ 이렇게 ㅜ, ㅠ 의 모음 이거나 ㅗ, ㅛ, ㅜ, ㅠ, ㅡ 의 모음에 받침이 있는 글자는 ◇ 모양에 맞추어 씁니다.

✏️ 한글은 모음의 기본 형태에 따라 글자의 모양이 결정되는 경우가 많으므로 앞에 나온 세 가지의 기본 모양을 열심히 연습하여 예쁘고 바른 글씨체를 가질 수 있도록 해 보세요. 아래 낱말들도 따라 쓰며 글자의 기본 모양을 한 번 더 익혀 보세요.

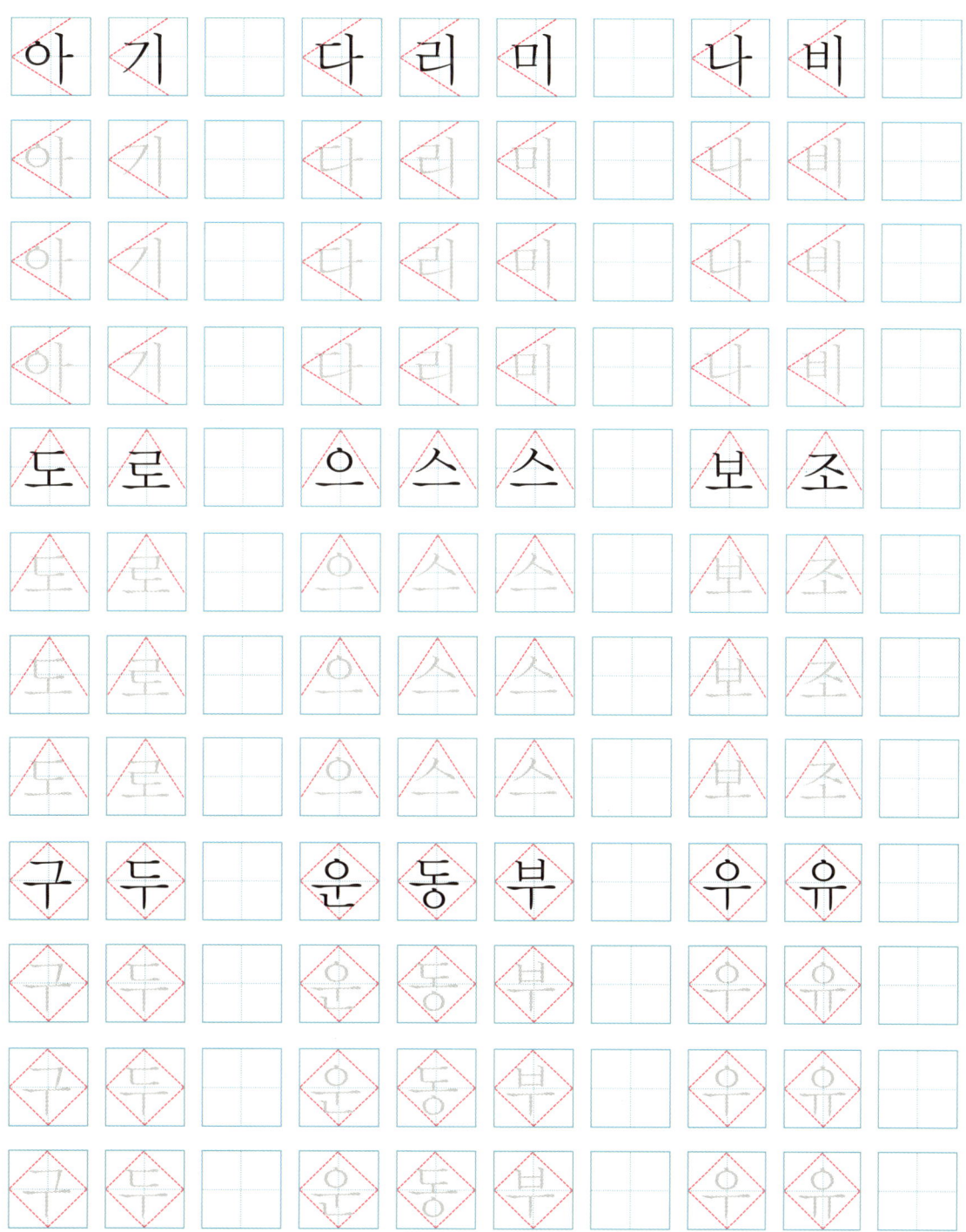

원고지 사용법을 익혀 보세요.

1. 둘째 줄 가운데에 제목을 쓰고, 학교 이름은 셋째 줄의 뒤에서 3칸 정도 남겨 두고 써 주세요. 학년과 반은 넷째 줄에 뒤에서 3칸을 남겨 두고 쓰고, 이름은 다섯째 줄에 쓰는데 뒤에서 2칸을 남겨 둡니다.

2. 본문은 이름 밑에 1행을 띄우고 써요. 문장이 시작될 때는 항상 첫 칸을 비우는데, 이어진 문장을 쓸 때는 첫 칸을 비우지 않고 이어서 씁니다.

3. 오른쪽 끝에서 낱말과 낱말을 띄어 써야 할 때는 다음 행 왼쪽 첫 칸은 비우지 않고 임의로 옆에 띄어쓰기 표시(∨)만 해 줍니다.

4. 글의 내용이 바뀔 때는 줄을 바꾸어 쓰고, 첫 칸은 반드시 비워 둡니다.

5. 대화 글의 큰따옴표(" ")와 작은따옴표(' ')는 앞의 한 칸을 비워 쓰고, 글은 셋째 칸부터 씁니다. 그리고 다음 줄부터는 둘째 칸부터 글을 씁니다.

6. 물음표(?)와 느낌표(!)는 한 칸에 쓰고, 다음 칸은 반드시 비워 둡니다. 따옴표와 함께 쓸 때는, 따옴표를 바로 다음 칸에 써 줍니다.

7. 숫자는 한 칸에 두 자씩 씁니다.

8. 온점(.)과 반점(,)은 한 칸에 쓰고, 다음 칸은 비우지 않아요. 온점과 따옴표는 한 칸 안에 함께 써 줍니다.

9. 대화 글이나 혼잣말의 뒤에 나오는 문장이 앞에 있는 문장과 이어지면 첫째 칸부터 쓰고, 문장이 이어지지 않고 새로 시작되면 둘째 칸부터 쓴답니다.

10. 문장이 맨 끝 칸에서 끝났을 때, 온점과 반점은 마지막 글자와 한 칸에 함께 쓰고, 물음표와 느낌표는 임의로 한 칸을 옆에 더 그려 주고 그곳에 씁니다.

11. 줄임표는 한 칸에 세 개씩 나누어 두 칸에 찍습니다.

차 례

들어가기
- 1학년 어린이들에게 ·················· 4
- 이 책의 꾸밈새 ····················· 5
- 한글의 기본 모양 ··················· 6
- 원고지 사용법 ····················· 8

배우는 기쁨
- 바른 자세 익히기 ··················· 10
- 자음 모음 익히기 ··················· 14
- 바른 자세로 낱말 쓰기 ··············· 18
- 바른 자세로 문장 쓰기 ··············· 26

이렇게 생각해요
- 글자의 짜임 익히기 ·················· 28
- 받침이 있는 글자 ··················· 30
- 자음과 모음이 합쳐진 글자 ··········· 36
- 틀리기 쉬운 낱말과 문장 ············· 42

마음을 나누며
- 문장 부호 익히기 ··················· 44
- 이야기 속 낱말 ····················· 55
- 틀리기 쉬운 낱말 익히기 ············· 56
- 낱말과 문장 익히기 ·················· 62

아, 재미있구나!
- 반복되는 말 ······················· 66
- 흉내 내는 말 ······················ 74
- 반복되는 말이 들어있는 문장 ········ 82
- 틀리기 쉬운 문장 익히기 ············ 86

생각을 펼쳐요
- 낱말 익히기 ······················· 88
- 하고 싶은 말 ······················ 90
- 겪었던 일에 대한 낱말 ·············· 98
- 생각을 정리하기 ··················· 100

느낌이 솔솔
- 소금을 만드는 맷돌 ················· 106
- 금강산 도라지 ····················· 112
- 이야기 속 낱말 익히기 ·············· 118
- 재미있는 장면과 문장 ··············· 120

1. 배우는 기쁨 / 바른 자세 익히기

✏️ 그림을 통해 바른 자세를 알아보아요.

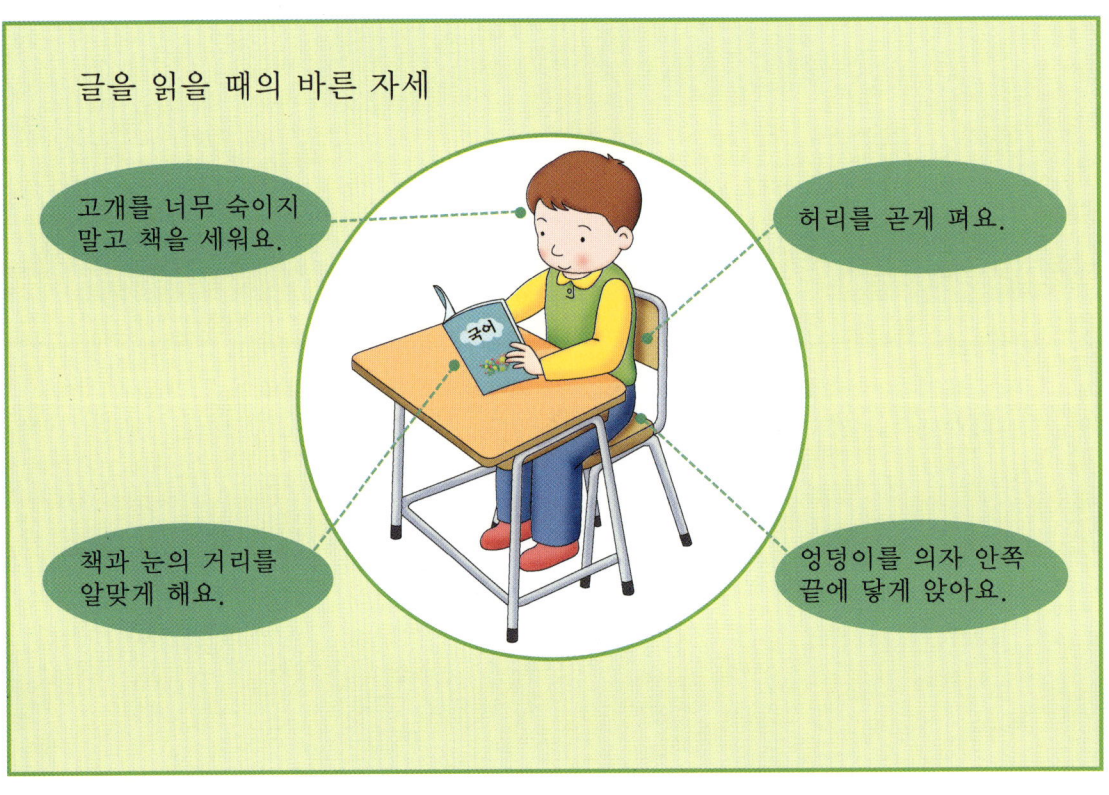

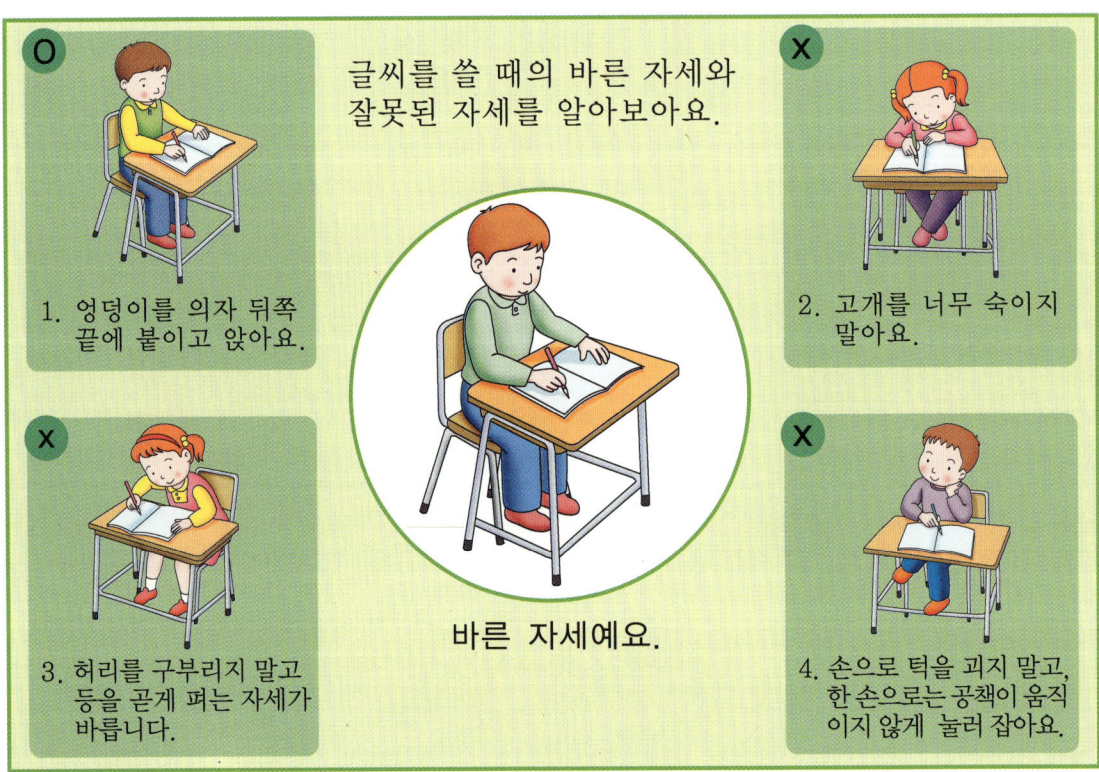

10

✏️ 그림을 통해 바른 자세를 알아보아요.

글을 읽을 때의 바른 자세는 어떤 것일까요?

글씨를 쓸 때의 바른 자세는 어떤 것일까요?

1. 배우는 기쁨 / 바른 자세 익히기

✏️ 그림을 통해 연필 쥐는 법을 익혀 보세요.

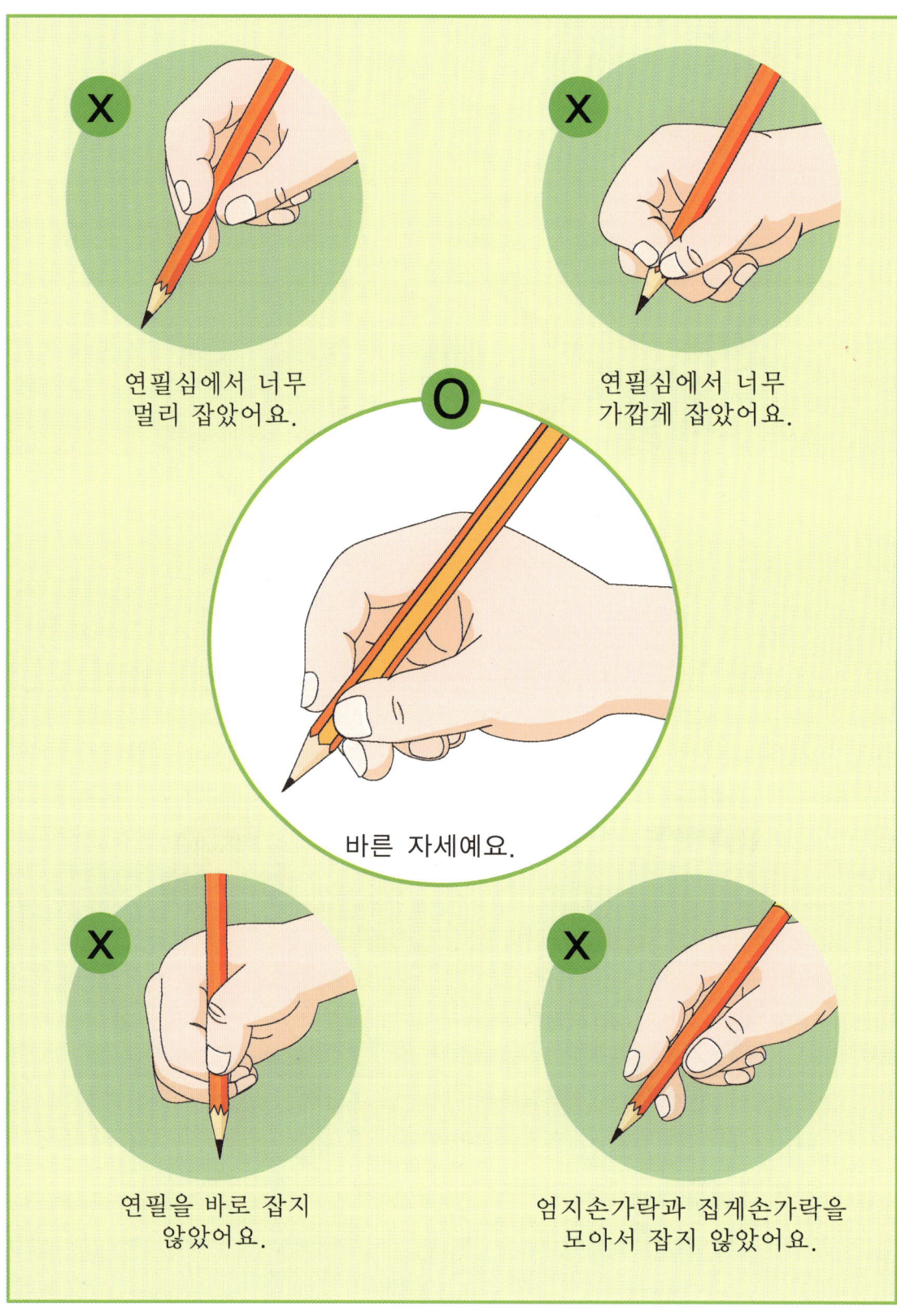

그림을 통해 연필 쥐는 법과 좋은 점을 배워 보세요.

이렇게 하면 예쁘고 바른 글씨를 쓸 수 있어요.

1. 연필을 가운뎃손가락으로 받치고, 집게손가락을 약간 구부려 엄지손가락과 모아서 잡아요.
2. 연필은 너무 세우지 말고 공책과 연필의 각도가 30도 정도 뒤로 기울게 잡아요.
3. 연필을 너무 내려 잡거나 올려 잡지 않아요.
4. 적당히 힘을 주어 잡습니다. 힘을 너무 주면 팔목이 아파요.
5. 글씨를 빨리 쓰려고 하지 말고, 모양에 맞도록 천천히 쓰는 연습부터 합니다.

바른 자세로 연필을 잡고 글씨를 쓰면 이런 점이 좋아요.

지금까지 바른 자세와 예쁘게 글씨 쓰는 법을 배웠어요. 바른 자세로 연필을 바르게 잡고 글씨를 쓰면 바르고 예쁜 글씨를 쓸 수 있을 뿐만 아니라 오랫동안 글씨를 써도 손과 허리가 아프지 않아요.
그럼 이제 바른 자세로 앉아 연필도 바르게 쥐고 글씨를 써 보세요.

1. 배우는 기쁨 / 자음 모음 익히기

✏️ 자음의 이름을 익히며, 차례대로 바르게 따라 써 보세요.

기역	니은	디귿	리을	미음	비읍	시옷
ㄱ	ㄴ	ㄷ	ㄹ	ㅁ	ㅂ	ㅅ
ㄱ	ㄴ	ㄷ	ㄹ	ㅁ	ㅂ	ㅅ
ㄱ	ㄴ	ㄷ	ㄹ	ㅁ	ㅂ	ㅅ
ㄱ	ㄴ	ㄷ	ㄹ	ㅁ	ㅂ	ㅅ
ㄱ	ㄴ	ㄷ	ㄹ	ㅁ	ㅂ	ㅅ
ㄱ	ㄴ	ㄷ	ㄹ	ㅁ	ㅂ	ㅅ
ㄱ	ㄴ	ㄷ	ㄹ	ㅁ	ㅂ	ㅅ
ㄱ	ㄴ	ㄷ	ㄹ	ㅁ	ㅂ	ㅅ

✏️ 자음의 이름을 익히며, 차례대로 바르게 따라 써 보세요.

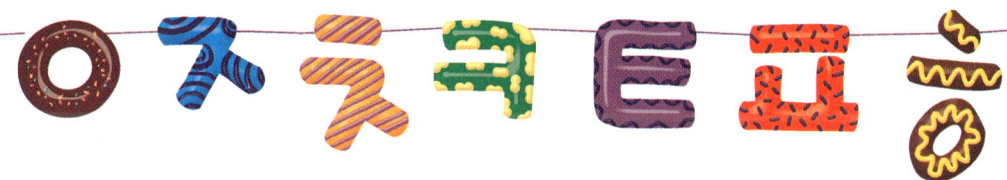

이응	지읒	치읓	키읔	티읕	피읖	히읗
ㅇ	ㅈ	ㅊ	ㅋ	ㅌ	ㅍ	ㅎ
ㅇ	ㅈ	ㅊ	ㅋ	ㅌ	ㅍ	ㅎ
ㅇ	ㅈ	ㅊ	ㅋ	ㅌ	ㅍ	ㅎ
ㅇ	ㅈ	ㅊ	ㅋ	ㅌ	ㅍ	ㅎ
ㅇ	ㅈ	ㅊ	ㅋ	ㅌ	ㅍ	ㅎ
ㅇ	ㅈ	ㅊ	ㅋ	ㅌ	ㅍ	ㅎ
ㅇ	ㅈ	ㅊ	ㅋ	ㅌ	ㅍ	ㅎ
ㅇ	ㅈ	ㅊ	ㅋ	ㅌ	ㅍ	ㅎ

1. 배우는 기쁨 / 자음 모음 익히기

읽기 28쪽, 쓰기 84~85쪽

모음을 차례에 맞게 써서 익혀 보세요.

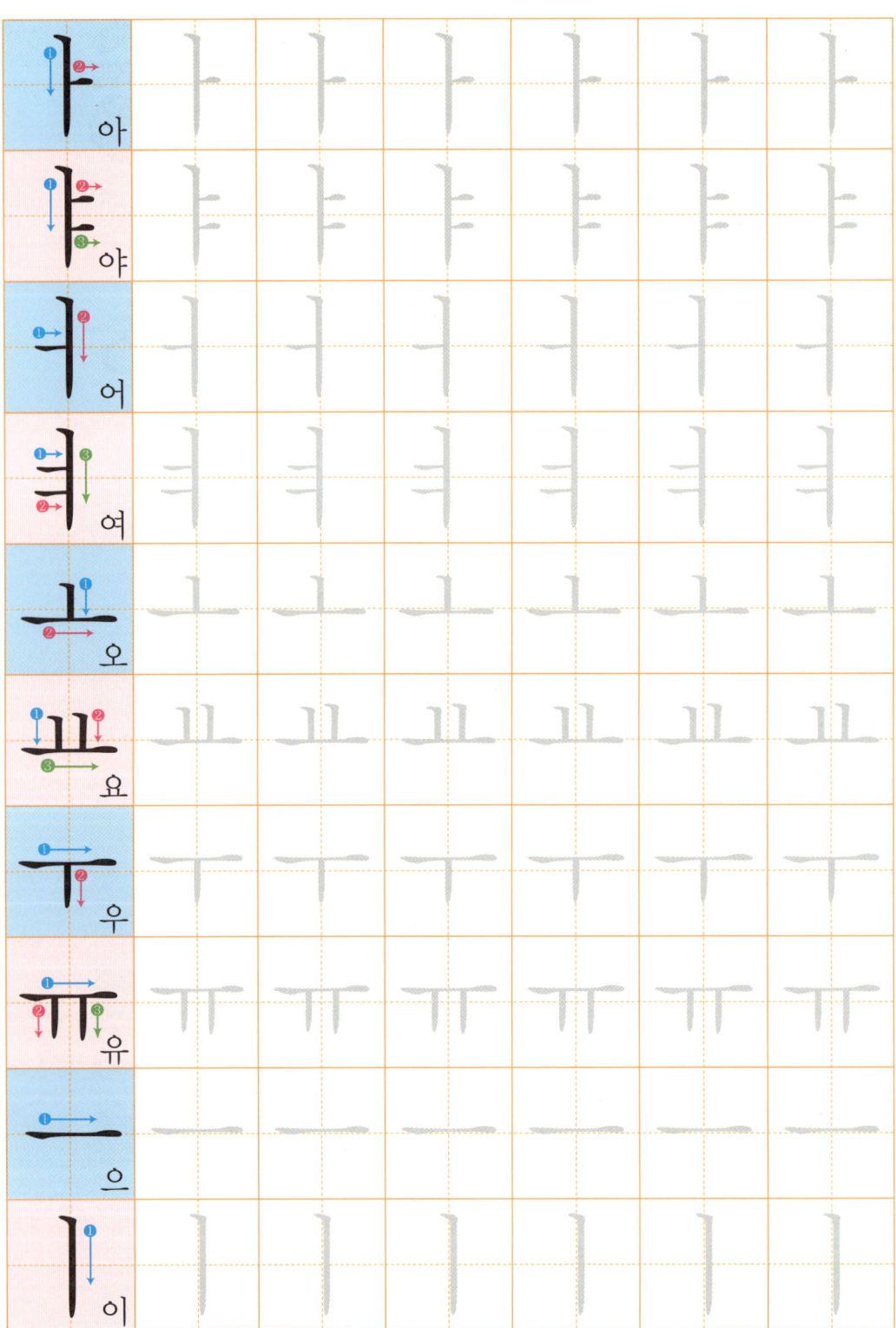

쓰기 84~85쪽

✏️ 자음과 모음이 만나면 어떤 글자가 되는지 써 보세요.

모음 자음	ㅏ	ㅑ	ㅓ	ㅕ	ㅗ	ㅛ	ㅜ	ㅠ	ㅡ	ㅣ
ㄱ										
ㄴ										
ㄷ										
ㄹ										
ㅁ										
ㅂ										
ㅅ										
ㅇ										
ㅈ										
ㅊ										
ㅋ										
ㅌ										
ㅍ										
ㅎ										

1. 배우는 기쁨 / 바른 자세로 낱말 쓰기

✏️ 그림을 보고, 바른 자세로 낱말을 따라 써 보세요.

낱말 풀이 우리: 말하는 사람이 자기와 자기 편의 여러 사람을 함께 가리키는 말.

읽기 6~11쪽

✏️ 그림을 보고, 바른 자세로 낱말을 따라 써 보세요.

가족 가족 가족 가족
가족 가족 가족 가족

아버지 아버지 아버지
아버지 아버지 아버지

어머니 어머니 어머니
어머니 어머니 어머니

아기 아기 아기 아기
아기 아기 아기 아기 아기

낱말풀이 가족: 부모와 자식 등이 함께 생활하며 한집안을 이루는 사람들을 이르는 말.

1. 배우는 기쁨 / 바른 자세로 낱말 쓰기

✏️ 연필을 바르게 잡고, 바른 자세로 낱말을 따라 써 보세요.

| 낱말풀이 | 정다운: 정이 있어 따뜻하고 친근감을 느끼는 마음.
고마운: 남이 베풀어 준 호의나 도움 따위에 대하여 마음이 흐뭇하고 즐거움. |

읽기 6~11쪽

✏️ 연필을 바르게 잡고, 바른 자세로 낱말을 따라 써 보세요.

낱말풀이
학교: 일정한 목적을 위해 시설을 갖추고 학생을 가르치는 교육기관.
모두: 한데 모은 수효나 양.

1. 배우는 기쁨 / 바른 자세로 낱말 쓰기

✏️ 연필을 바르게 잡고, 바른 자세로 낱말을 따라 써 보세요.

낱말풀이 철봉: 두 기둥 사이에 둥근 쇠막대를 걸쳐 놓고 거기에 매달려서 돌기, 턱걸이, 오르기 등의 운동을 하는 기구.

쓰기 10~12쪽, 읽기 12~14쪽

✏️ 소리 내어 읽고, 바른 자세로 낱말을 따라 써 보세요.

낱말풀이
사자: 사납고 기운이 센 짐승으로, 수컷은 갈기가 나 있고 울음소리가 우렁차다.
코끼리: 몸집이 크고 긴 코와 큰 귀를 가졌으며, 물을 매우 좋아하는 짐승.

1. 배우는 기쁨 / 바른 자세로 낱말 쓰기

✏️ '리' 자로 끝나는 세 글자 낱말을 따라 써 보세요.

낱말풀이 개나리: 이른 봄에 잎보다 먼저 노란 꽃이 피는 물푸레나뭇과 꽃나무.

읽기 15~17쪽, 쓰기 16쪽

✏️ '나' 자와 '바' 자로 시작하는 두 글자 낱말을 따라 써 보세요.

낱말풀이
바다: 육지를 제외한 부분으로 짠물로 이어진 넓고 큰 부분. 지구에서 약 70%를 차지.
바지: 아랫도리에 입는 겉옷.

1. 배우는 기쁨 / 바른 자세로 문장 쓰기

✏️ 문장을 소리 내어 읽으며, 따라 써 보세요.

　오늘은　해님이　안✓
떠요.

　오늘은　지렁이가
나와요.

낱말 풀이
해님: '해'를 인격화하여 높이거나 다정하게 이르는 말.
지렁이: 몸이 원통 모양으로 가늘고 길며, 축축한 땅속에서 산다.

읽기 18~19쪽

✏️ 문장을 소리 내어 읽으며, 따라 써 보세요.

오늘은 장화를 신어요.

비 오는 날이에요.

낱말풀이 장화: 목이 무릎 밑까지 길게 올라와 있어 쉽게 발이 젖지 않도록 만든 신.

2. 이렇게 생각해요 / 글자의 짜임 익히기

✏️ 자음과 모음이 합쳐진 글자의 짜임을 생각하며, 따라 써 보세요.

| 낱말 | 무슨: 무엇인지 모르는 일이나 대상, 물건 따위를 이를 때 쓰는 말. |
| 풀이 | 바람: 공기가 빠르게 움직이는 현상을 이르는 말. |

읽기 24~27쪽

✏️ 자음과 모음이 합쳐진 글자의 짜임을 생각하며, 따라 써 보세요.

낱말풀이 차표: 차를 타기 위해 요금을 내고 사는 표를 말함.

2. 이렇게 생각해요 / 받침이 있는 글자

✏️ 자음과 모음이 합쳐진 글자와 받침을 넣어 만든 글자를 따라 써 보세요.

낱말풀이 창: 공기가 통하고 햇빛을 받을 수 있도록 벽에 낸 작은 문.

✏️ 자음과 모음이 합쳐진 글자와 받침을 넣어 만든 글자를 따라 써 보세요.

낱말풀이 무: 뿌리와 잎을 먹는 채소로 잎은 깃 모양으로 뿌리에서 뭉쳐나고 뿌리는 둥글고 길쭉하다.

2. 이렇게 생각해요 / 받침이 있는 글자

✏️ 글자의 짜임을 잘 보고, 같은 받침이 들어 있는 낱말을 따라 쓰세요.

낱말 풀이 신발: 발을 보호하기 위해 신는 물건을 똑똑하게 일컫는 말.

✏️ 글자의 짜임을 잘 보고, 같은 받침이 들어 있는 낱말을 따라 쓰세요.

낱말풀이 보름달: 음력 보름날 밤에 뜨는 둥근 달.

2. 이렇게 생각해요 / 받침이 있는 글자

✏️ 글자의 받침을 생각하며, 바르게 따라 써 보세요.

낱말풀이 화분: 꽃을 심어 가꾸는 그릇.

읽기 36쪽

✏️ 글자의 받침을 생각하며, 바르게 따라 써 보세요.

| 책 | 책 | 책 | 책 | 책 | 책 | 책 |
| 책 | 책 | 책 | 책 | 책 | 책 | 책 |

| 책 | 상 | 책 | 상 | 책 | 상 | 책 | 상 |
| 책 | 상 | 책 | 상 | 책 | 상 | 책 | 상 |

| 걸 | 상 | 걸 | 상 | 걸 | 상 | 걸 | 상 |
| 걸 | 상 | 걸 | 상 | 걸 | 상 | 걸 | 상 |

| 교 | 실 | 교 | 실 | 교 | 실 | 교 | 실 |
| 교 | 실 | 교 | 실 | 교 | 실 | 교 | 실 |

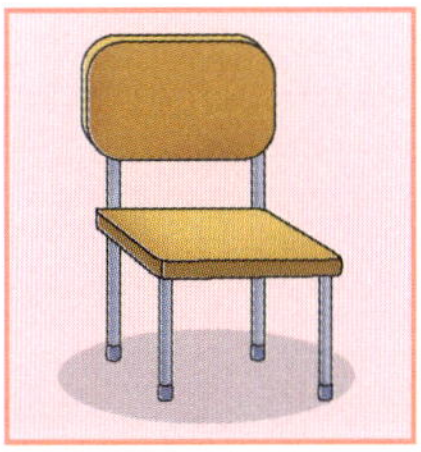

낱말 풀이

교실: 학교에서 학생들을 모아 공부를 가르치는 방.

2. 이렇게 생각해요 / 자음과 모음이 합쳐진 글자

✏️ 자음과 모음이 합쳐진 글자의 짜임을 생각하며, 따라 써 보세요.

낱말풀이 바위: 부피가 매우 큰 돌.

2. 이렇게 생각해요 / 자음과 모음이 합쳐진 글자

✏️ 자음과 모음이 합쳐진 글자의 짜임을 생각하며, 따라 써 보세요.

| 낱말 풀이 | 열쇠: 자물쇠를 잠그거나 여는 데 사용하는 물건.
마차: 말이 끄는 수레. |

✏️ 자음과 모음이 합쳐진 글자의 짜임을 생각하며, 따라 써 보세요.

낱말 풀이
전화기: 말소리를 전기신호로 바꾸어 통화를 가능하게 하는 장치.
주소: 사람이 살고 있는 집이나 기관, 회사 등의 위치를 행정구역으로 나타낸 것.

2. 이렇게 생각해요 / 자음과 모음이 합쳐진 글자

✏️ 자음과 모음이 합쳐진 글자의 짜임을 생각하며, 따라 써 보세요.

낱말풀이 피아노: 건반을 눌러서 현을 때리게 하는 장치로 소리를 내는 건반 악기.

✏️ 자음과 모음이 합쳐진 글자의 짜임을 생각하며, 따라 써 보세요.

낱말풀이 하마: 입과 몸집이 매우 크고 뚱뚱하며, 열대 지방의 물가에 사는 동물.

2. 이렇게 생각해요 / 틀리기 쉬운 낱말과 문장

✏️ 소리 내어 읽으면서 바르게 따라 써 보세요.

나는 김민지입니다.

나는 김민지입니다.

우주가 궁금합니다.

우주가 궁금합니다.

우주선을 타고 가 보고 싶습니다.

우주선을 타고 가 보고 싶습니다.

낱말풀이 우주: 천체를 포함한 만물이 들어 있는 온 공간.

읽기 37쪽, 쓰기 26쪽

✏️ 소리 내어 읽으면서 바르게 따라 써 보세요.

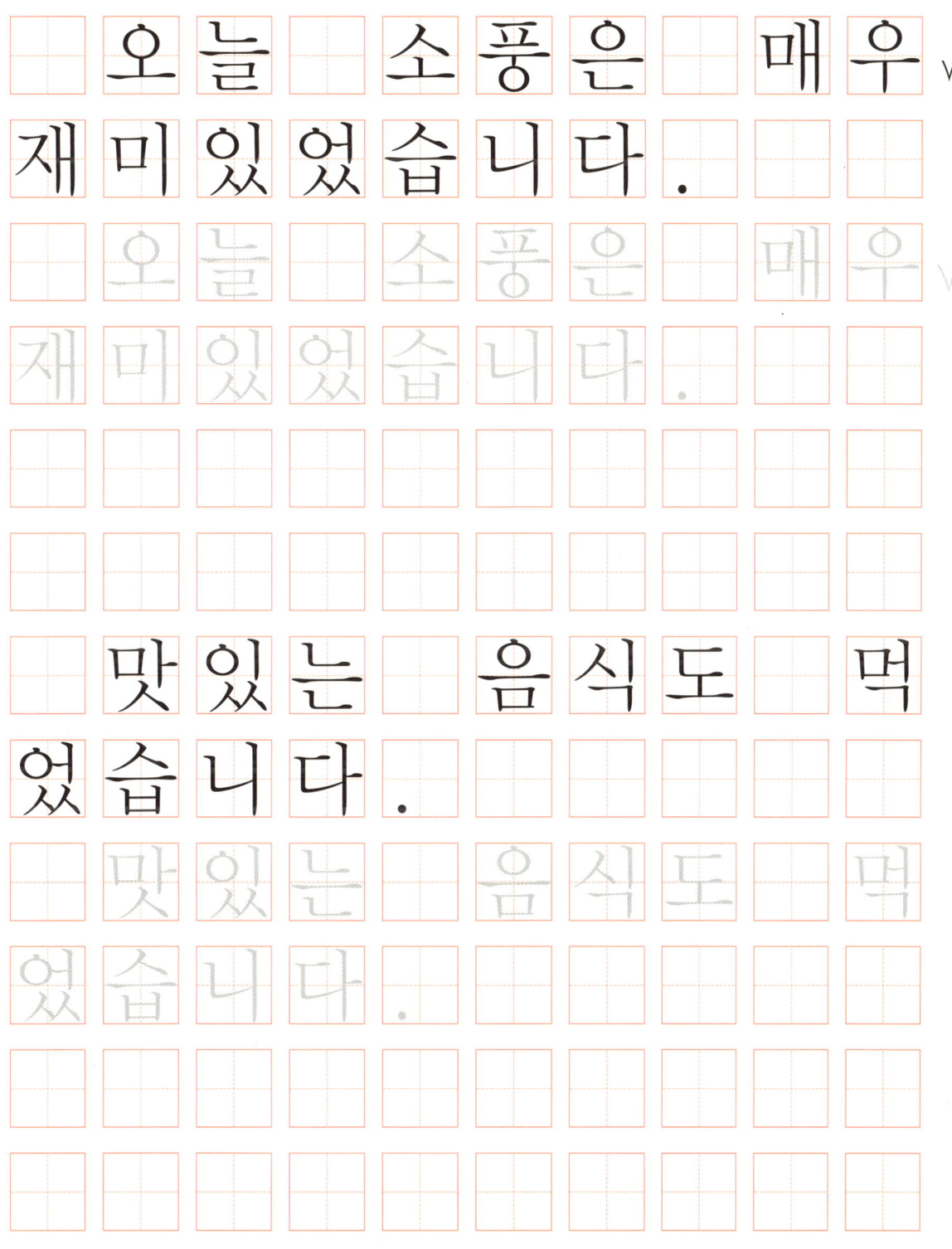

| 오늘 | 소풍은 | 매우 ✓
재미있었습니다.

| 맛있는 | 음식도 | 먹
었습니다.

**낱말
풀이** 소풍: 운동이나 자연 관찰도 하며 놀이를 삼아 학생들이 단체로 야외로 나가서 즐거운 시간을 보내고 오는 일.

3. 마음을 나누며 / 문장 부호 익히기

✏️ 문장 부호의 이름과 쓰임을 익혀 보아요.

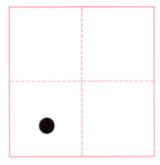 **온점**은 문장의 끝에 씁니다.

민지와 현수가 함께 ∨
민지와 현수가 함께 ∨
민지와 현수가 함께 ∨

놀고 있습니다.
놀고 있습니다.
놀고 있습니다.

낱말풀이 놀다: 즐겁게 시간을 보내며 한동안 쉬거나, 하는 일 없이 지내는 것.

✏️ 문장 부호의 이름과 쓰임을 익혀 보아요.

 **반점**은 부르는 말이나 대답하는 말 뒤에 뒤에 씁니다.

초롱아, 같이 가.

초롱아, 같이 가.

초롱아, 같이 가.

초롱아, 같이 가.

초롱아, 같이 가.

낱말풀이 같이: 여러 가지 뜻이 있으나 위에서는 '함께'의 뜻.

3. 마음을 나누며 / 문장 부호 익히기

✏️ 문장 부호의 이름과 쓰임을 익혀 보아요.

느낌표는 느낌을 나타내는 문장의 끝에 씁니다.

정말 아름답구나!

정말 아름답구나!

정말 아름답구나!

정말 아름답구나!

정말 아름답구나!

낱말풀이
정말: 거짓이 없는 진실한 말.
아름답다: 사물이 보거나 듣기에 좋은 느낌을 갖게 하는 것.

✏️ 문장 부호의 이름과 쓰임을 익혀 보아요.

 **물음표**는 묻는 문장의 끝에 씁니다.

가방에 무엇이 들어 ∨
가방에 무엇이 들어 ∨
가방에 무엇이 들어 ∨

있을까요?
있을까요?
있을까요?

 가방: 책이나 학용품 같은 물건을 넣어 들거나 메고 다니는 것.

3. 마음을 나누며 / 문장 부호 익히기

✏️ 문장 부호가 들어 있는 문장을 따라 써 보세요.

현수야, 우리 집에 놀러 올래?

✏️ 문장 부호가 들어 있는 문장을 따라 써 보세요.

3. 마음을 나누며 / 문장 부호 익히기

문장 부호가 들어 있는 문장을 따라 써 보세요.

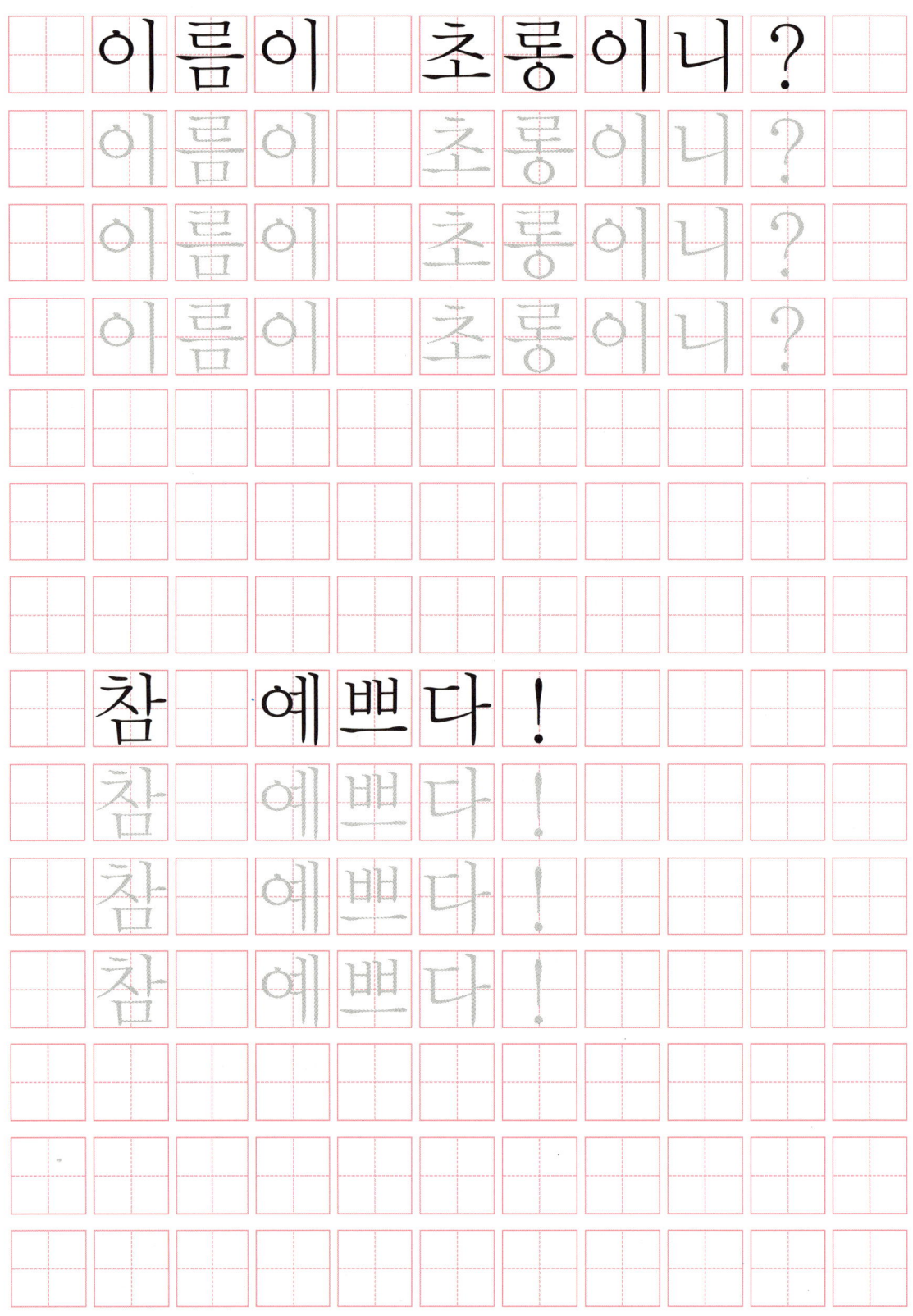

✏️ 문장 부호가 들어 있는 문장을 따라 써 보세요.

민지야, 다음에는 꼭 ∨
함께 만나자.

3. 마음을 나누며 / 문장 부호 익히기

✏️ 문장 부호가 들어 있는 문장을 따라 써 보세요.

낱말 풀이 어깨: 사람의 몸에서, 목의 아래 끝에서 팔의 위 끝에 이르는 부분.

읽기 51~57쪽

✏️ 문장 부호가 들어 있는 문장을 따라 써 보세요.

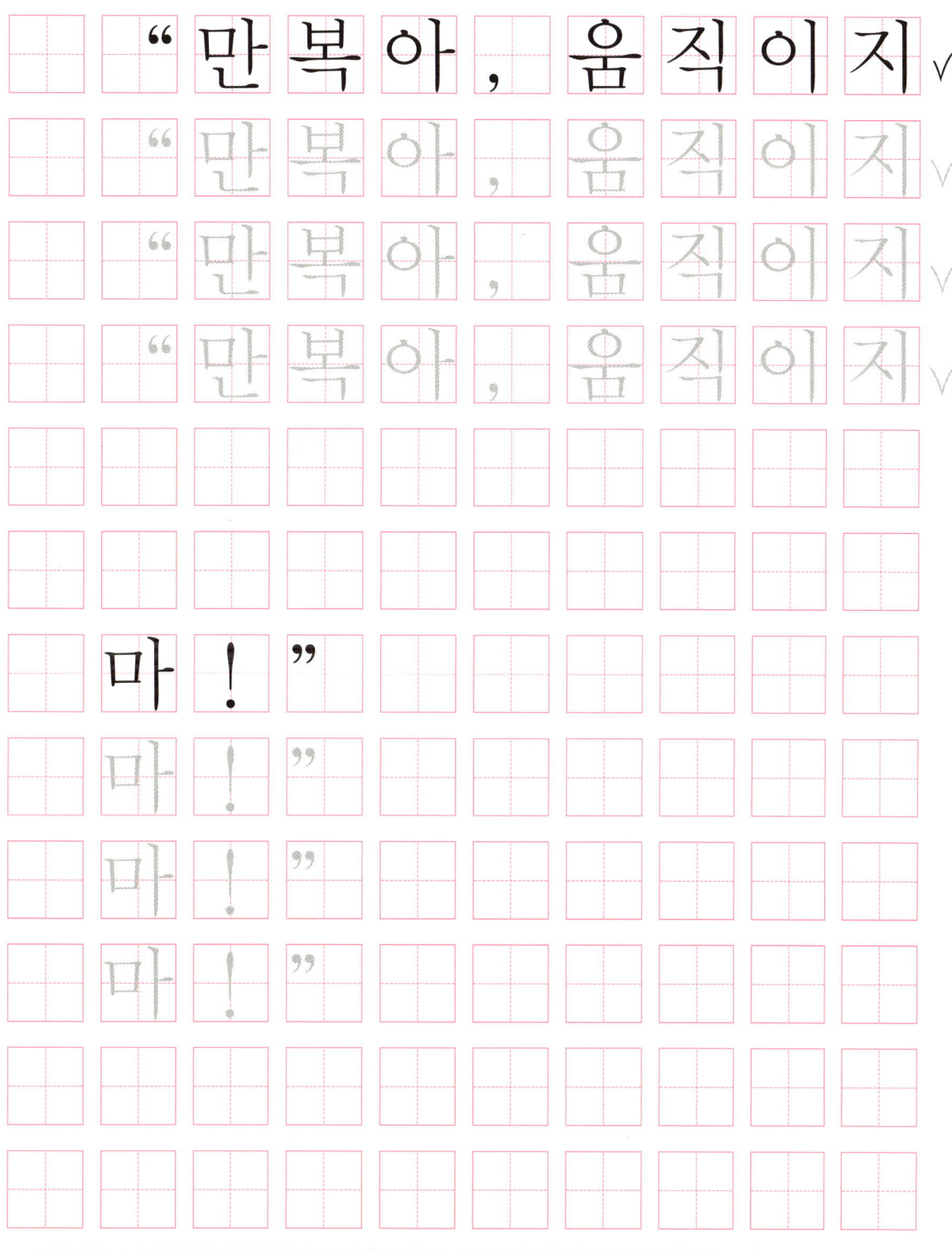

낱말풀이 움직이다: 정지하지 않고 동작을 계속하다.

3. 마음을 나누며 / 문장 부호 익히기, 이야기 속 낱말

"힘을 합칠까?"

"힘을 합칠까?"

"힘을 합칠까?"

"힘을 합칠까?"

"아이코, 아이코!"

"아이코, 아이코!"

"아이코, 아이코!"

"아이코, 아이코!"

낱말 풀이 힘: 사람이나 동물이 스스로 움직이거나 다른 물건을 움직이게 하는 근육 작용.

📝 이야기를 통해 낱말을 알아 보고, 바르게 따라 써 보세요.

낱말풀이
메뚜기: 풀밭에서 살며 뒷다리가 발달하여 잘 뛰고 날기도 하는 곤충.

3. 마음을 나누며 / 틀리기 쉬운 낱말 익히기

✏️ 틀리기 쉬운 낱말을 익히고, 바르게 따라 써 보세요.

낱말풀이 알림장: 알려야 할 내용을 적은 공책.

✏️ 글자의 짜임을 잘 보고, 바르게 따라 써 보세요.

낱말풀이 학용품: 학습에 필요한 여러 가지 필기 도구나 공책 따위의 물품.

3. 마음을 나누며 / 틀리기 쉬운 낱말 익히기

✏️ 틀리기 쉬운 낱말을 익히고, 바르게 따라 써 보세요.

낱말 풀이
문방구: 학용품과 사무용품 따위를 파는 곳.
주사위: 정육면체의 각 면에 하나에서 여섯까지의 점을 새긴 것.

✏️ 글자의 짜임을 잘 보고, 바르게 따라 써 보세요.

색종이 색종이
색종이 색종이

가게 가게 가게 가게
가게 가게 가게 가게

시냇물 시냇물
시냇물 시냇물

심부름 심부름
심부름 심부름

가게: 작은 규모로 물건을 놓고 파는 집.
심부름: 남이 시키는 일을 하여 주는 일.

쓰기 33~35쪽

✏️ 글자의 짜임을 잘 보고, 바르게 따라 써 보세요.

대추 대추 대추 대추
대추 대추 대추 대추

참외 참외 참외 참외
참외 참외 참외 참외

복숭아 복숭아 복숭아
복숭아 복숭아

수박 수박 수박 수박
수박 수박 수박 수박

낱말 풀이 복숭아: 봄에 분홍색 꽃이 피어 열매가 맺어 담홍색으로 익으면 단맛이 나는 과일.

3. 마음을 나누며 / 낱말과 문장 익히기

✏️ 틀리기 쉬운 낱말을 따라 쓰고, 문장 앞에 알맞은 낱말도 생각해 보세요.

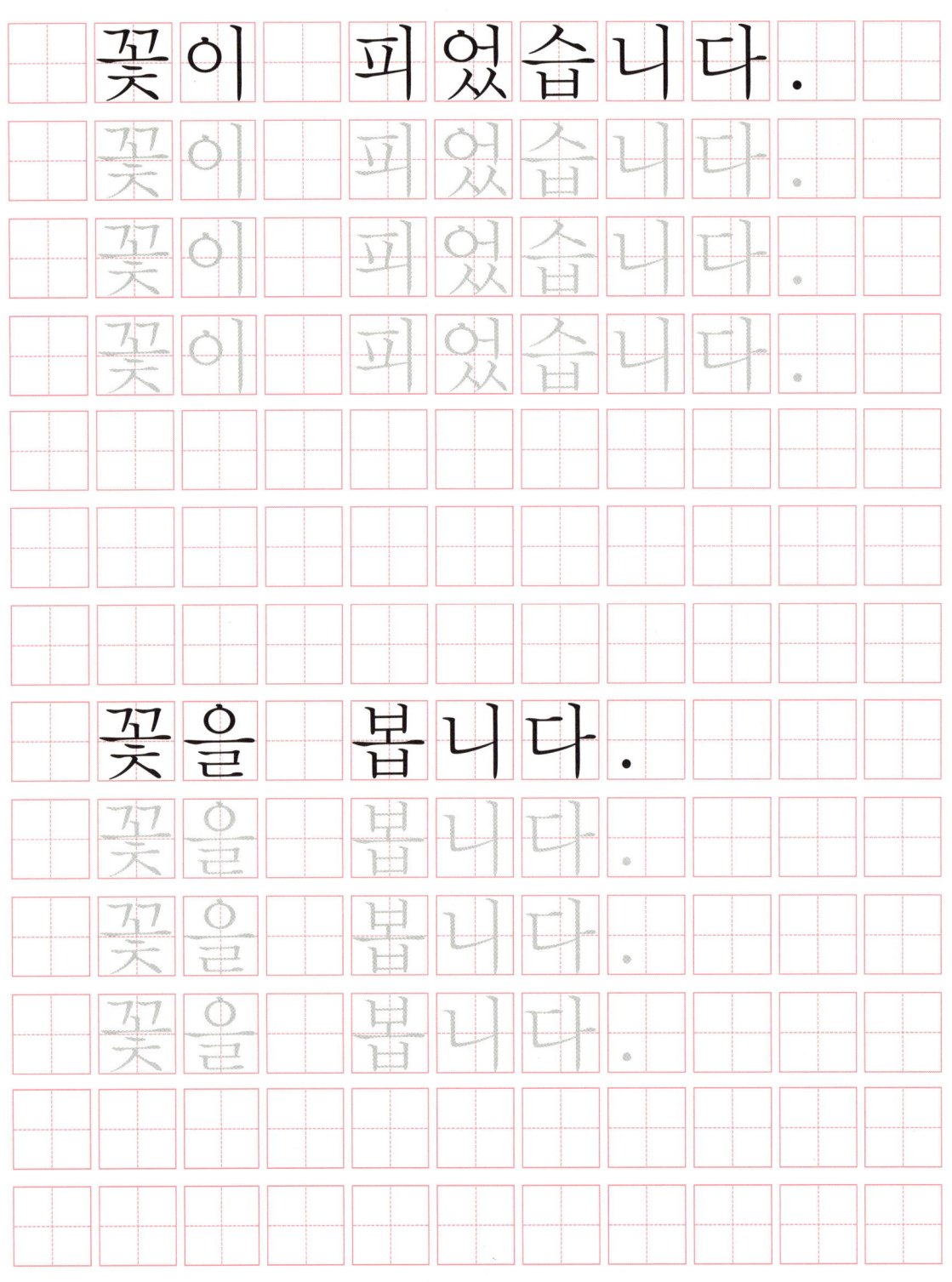

낱말 풀이 꽃: 식물마다 모양과 색이 다양하며, 꽃받침과 꽃잎, 암술과 수술로 이루어져 있다.

쓰기 36쪽

✏️ 틀리기 쉬운 낱말을 따라 쓰고, 문장 앞에 무엇이 빠졌는지 생각해 보세요.

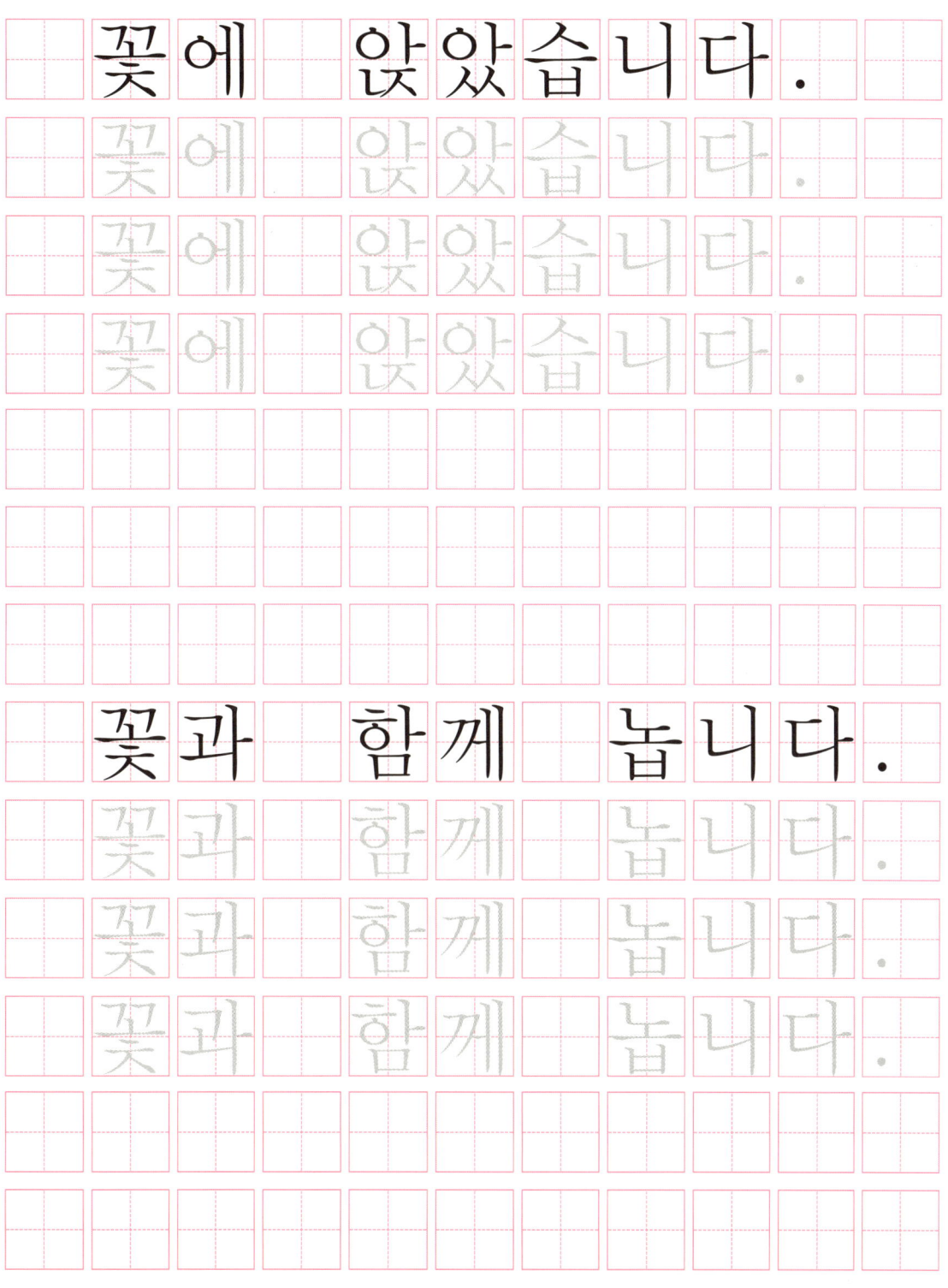

낱말 풀이 함께: 한꺼번에 모두 같이.

3. 마음을 나누며 / 낱말과 문장 익히기

틀리기 쉬운 낱말을 따라 쓰고, 문장 앞에 알맞은 낱말도 생각해 보세요.

낱말풀이
줄넘기: 양손으로 줄의 끝을 잡고 발 아래에서 머리 위로 돌리면서 그 줄을 뛰어넘는 운동.
사이좋게: 서로 정답고 친근하게 지내는 것.

틀리기 쉬운 낱말을 따라 쓰고, 문장 앞에 알맞은 낱말도 생각해 보세요.

토끼를 따라갑니다.

토끼를 따라갑니다.

토끼를 따라갑니다.

토끼를 따라갑니다.

놀이터에서 놀았어요.

놀이터에서 놀았어요.

놀이터에서 놀았어요.

놀이터에서 놀았어요.

낱말 풀이 놀이터: 주로 아이들이 놀이를 하는 곳.

4. 아, 재미있구나! / 반복되는 말

✏️ 반복되는 말의 느낌을 생각하며, 글을 따라 써 보세요.

송알송알 송알송알
송알송알 송알송알
송알송알 송알송알
송알송알 송알송알

조롱조롱 조롱조롱
조롱조롱 조롱조롱
조롱조롱 조롱조롱
조롱조롱 조롱조롱

 낱말 풀이
송알송알: 땀방울이나 물방울, 열매 등이 잘게 많이 맺힌 모양.
조롱조롱: 잔 물건을 서로 가깝게 늘어놓은 모양.

✏️ 반복되는 말의 느낌을 생각하며, 글을 따라 써 보세요.

대롱대롱 대롱대롱

방긋방긋 방긋방긋

 낱말 풀이
대롱대롱: 작은 물건이 매달려 잇따라 가볍게 흔들리는 모양.
방긋방긋: 입을 예쁘게 약간 벌리고 소리 없이 가볍게 자꾸 웃는 모양.

4. 아, 재미있구나! / 반복되는 말

✏️ 반복되는 말의 느낌을 생각하며, 글을 따라 써 보세요.

재잘재잘

타박타박

낱말
풀이
재잘재잘: 낮고 빠른 목소리로 자꾸 재깔이는 소리나 그 모양.
타박타박: 힘없는 걸음으로 조금 느릿느릿 걸어가는 모양.

📝 반복되는 말의 느낌을 생각하며, 글을 따라 써 보세요.

배틀배틀

생글생글

 낱말 풀이
배틀배틀: 힘이 없거나 몸을 잘 가누지 못하고 쓰러질 듯이 계속 걷는 모양.
생글생글: 눈과 입을 살며시 움직이며 소리 없이 정답게 자꾸 웃는 모양.

4. 아, 재미있구나! / 반복되는 말

✏️ 반복되는 말의 느낌을 생각하며, 글을 따라 써 보세요.

총총

송송송

낱말 풀이	총총: 발걸음을 아주 조금씩 떼며 바쁘게 걷는 모양.
	송송송: 아주 작고 가느다랗게 돋아 있거나 맺혀 있는 모양.

읽기 60~63쪽

✏️ 반복되는 말의 느낌을 생각하며, 글을 따라 써 보세요.

깔 깔 깔 깔 깔 깔 깔 깔 깔 깔
깔 깔 깔 깔 깔 깔 깔 깔 깔 깔
깔 깔 깔 깔 깔 깔 깔 깔 깔 깔
깔 깔 깔 깔 깔 깔 깔 깔 깔 깔

솔 솔 솔 솔 솔 솔 솔 솔 솔 솔
솔 솔 솔 솔 솔 솔 솔 솔 솔 솔
솔 솔 솔 솔 솔 솔 솔 솔 솔 솔
솔 솔 솔 솔 솔 솔 솔 솔 솔 솔

낱말풀이 솔솔: 틈이나 구멍으로 조금씩 가볍게 새어 나오는 모양. 또는 바람이 보드랍게 부는 모양.

4. 아, 재미있구나! / 반복되는 말

이야기를 통해 반복되는 말의 느낌을 생각하며, 글을 따라 써 보세요.

영차영차

뾰족뾰족

낱말풀이
영차영차: 여러 사람이 힘을 합치면서 기운을 돋우려고 함께 내는 소리.
뾰족뾰족: 물체의 끝이 점차 가늘어져서 날카로운 모양.

읽기 66~71쪽

✏️ 이야기를 통해 반복되는 말의 느낌을 생각하며, 글을 따라 써 보세요.

퍼덕퍼덕   퍼덕퍼덕

성큼성큼   성큼성큼

낱말
풀이
퍼덕퍼덕: 큰 새가 가볍고 크게 날개를 치는 소리나 그 모양.
성큼성큼: 다리를 높이 들어 크게 떼어 놓는 모양.

4. 아, 재미있구나! / 흉내 내는 말

✏️ 동물들의 움직이는 모습을 흉내 내는 말을 따라 써 보아요.

토끼가 깡충깡충 뛰어갑니다.

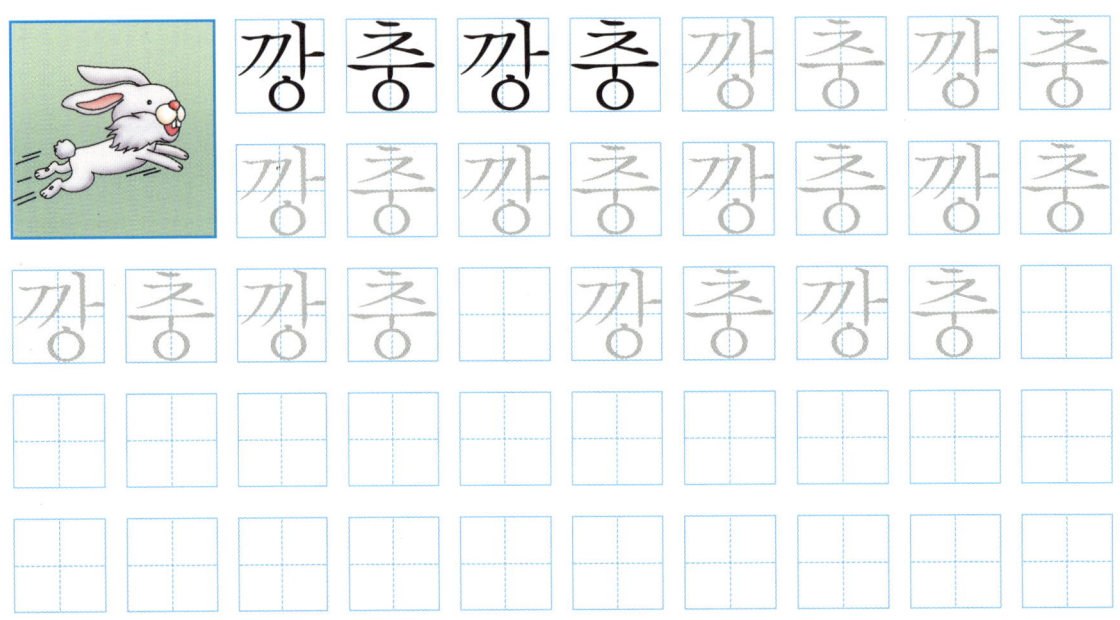

오리가 뒤뚱뒤뚱 걸어갑니다.

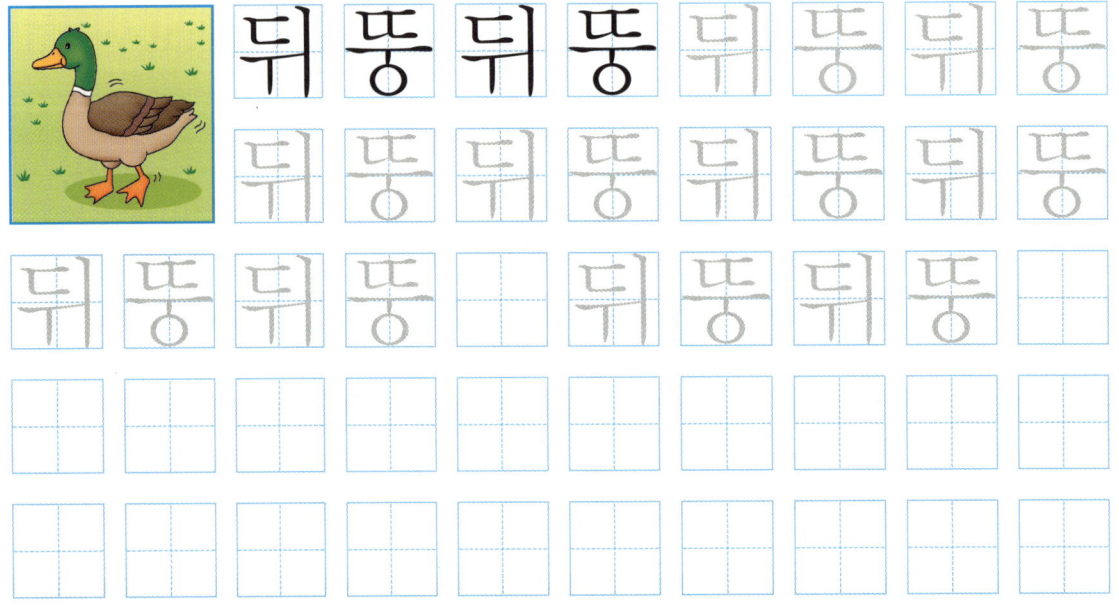

낱말 풀이
토끼: 귀가 길고 뒷다리가 앞다리보다 발달하여 잘 뛰며 꼬리는 짧다.
오리: 발가락 사이에 물갈퀴가 있으며, 부리는 편평하고 연못이나 물가를 좋아한다.

✏️ 동물들의 움직이는 모습을 흉내 내는 말을 따라 써 보아요.

원숭이가 대롱대롱 매달려 있습니다.

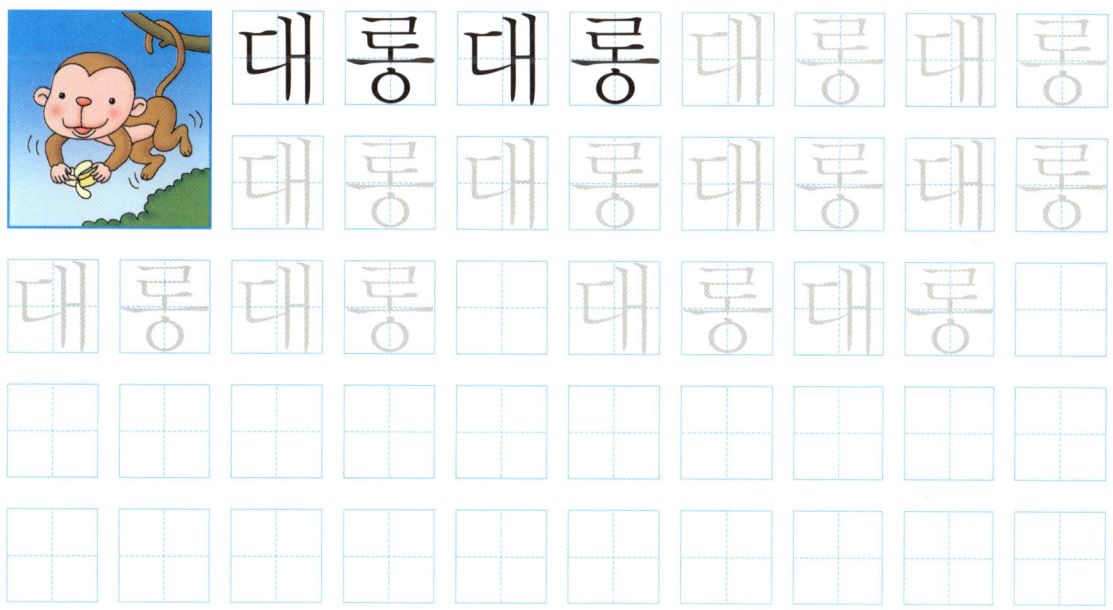

폴짝폴짝 개구리가 뜁니다.

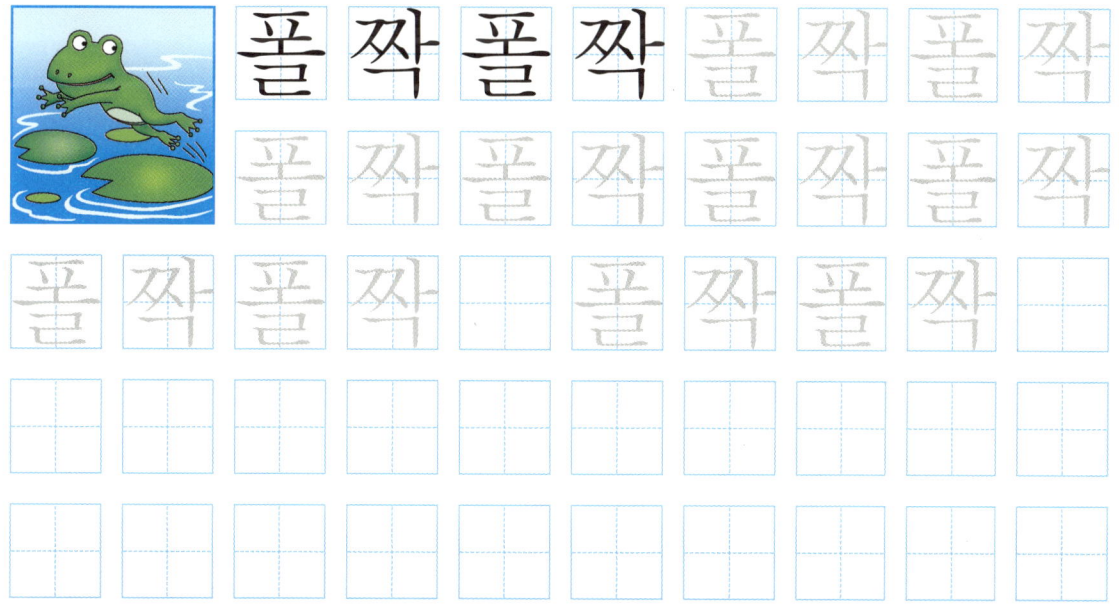

낱말풀이
원숭이: 몸은 털로 덮여 있고 팔과 꼬리가 길며, 나무를 잘 탄다.
개구리: 늪지대에서 살며 발에 물갈퀴가 있어 헤엄을 잘 치고, 뒷다리가 길어 잘 뛴다.

4. 아, 재미있구나! / 흉내 내는 말

✏️ 모양을 흉내 내는 말의 느낌을 생각하며, 따라 써 보세요.

아기가 아장아장 걸어가요.

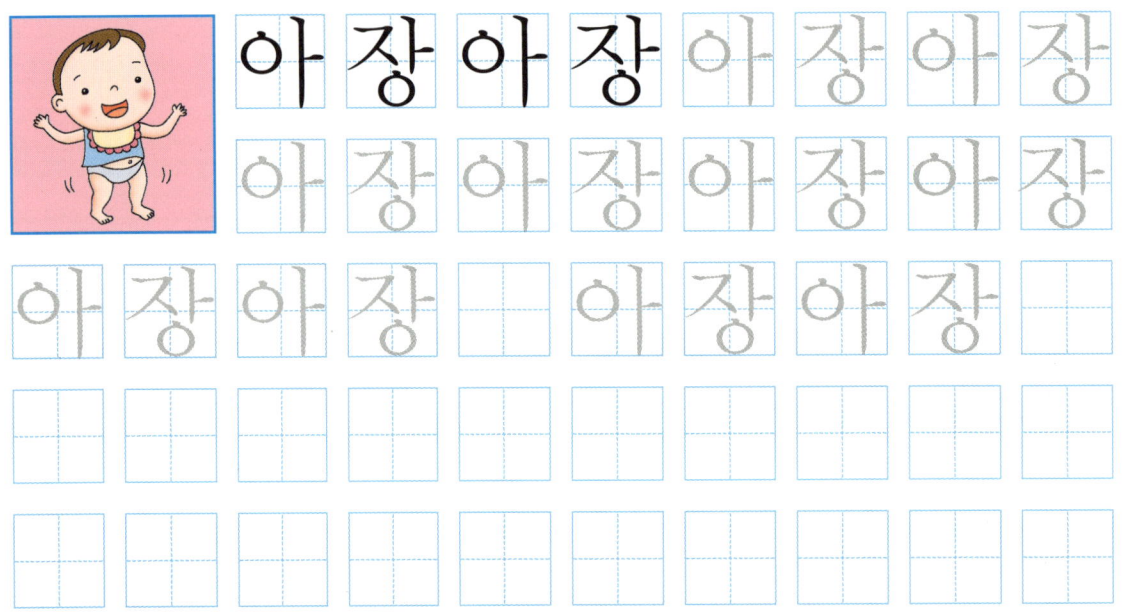

팽이가 뱅글뱅글 돌아갑니다.

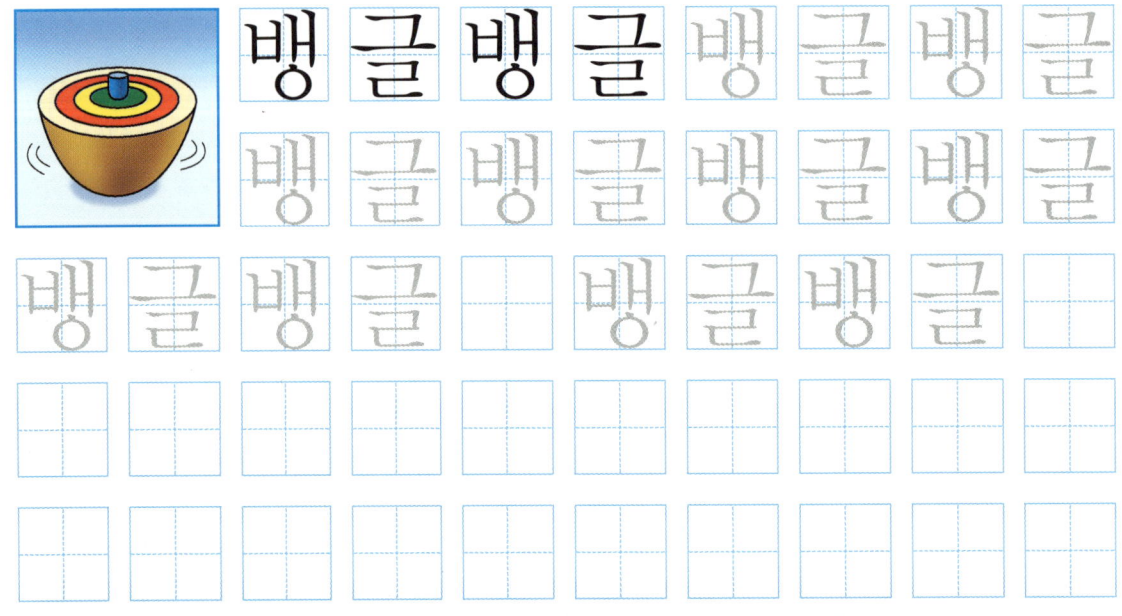

| 낱말 풀이 | 팽이: 둥근 나무를 잘라 한쪽 끝을 뾰족하게 깎아 만들어서 채로 쳐가며 뱅글뱅글 돌리는 어린 아이들의 장난감. |

읽기 110쪽

✏️ 모양을 흉내 내는 말의 느낌을 생각하며, 따라 써 보세요.

나뭇잎이 흔들흔들거립니다.

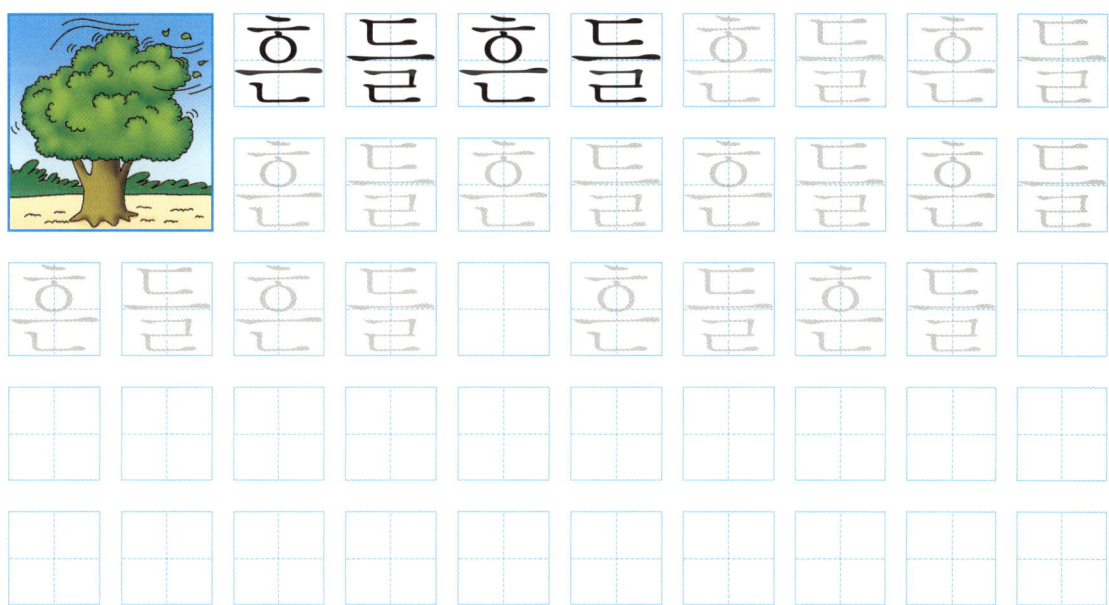

민지가 꾸벅꾸벅 졸고 있습니다.

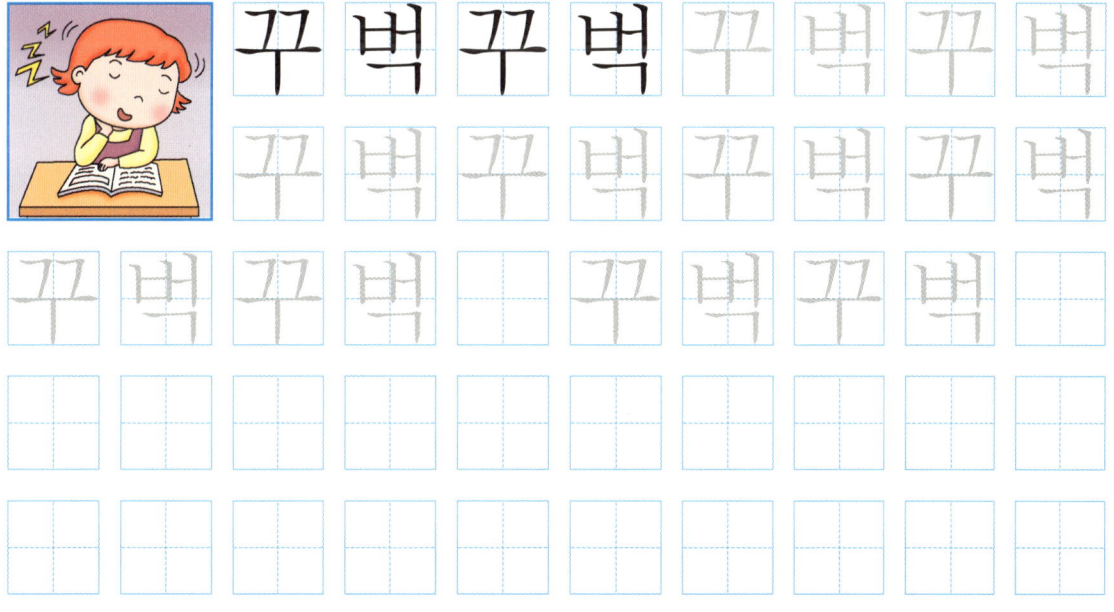

낱말풀이   나뭇잎: 나무의 잎을 이르는 말로 나무가 필요한 영양분을 공급하다 가을이 되면 낙엽이 되어 떨어짐.

4. 아, 재미있구나! / 흉내 내는 말

✏️ 여러 가지 소리를 흉내 내는 말의 느낌을 생각하며, 따라 써 보세요.

문 열리는 소리가 드르륵 납니다.

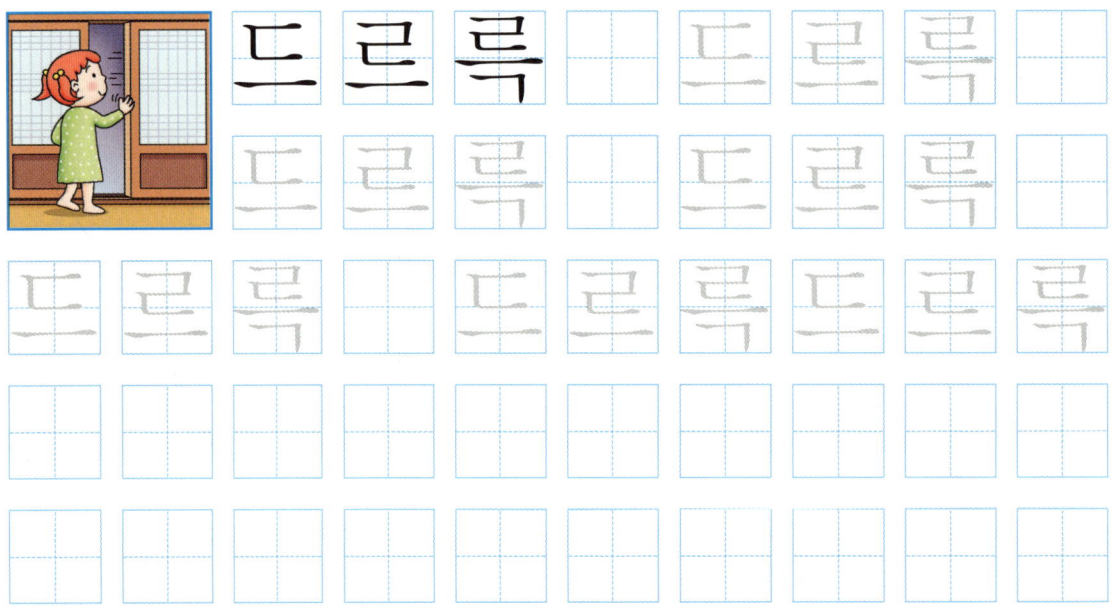

초인종이 딩동딩동 울립니다.

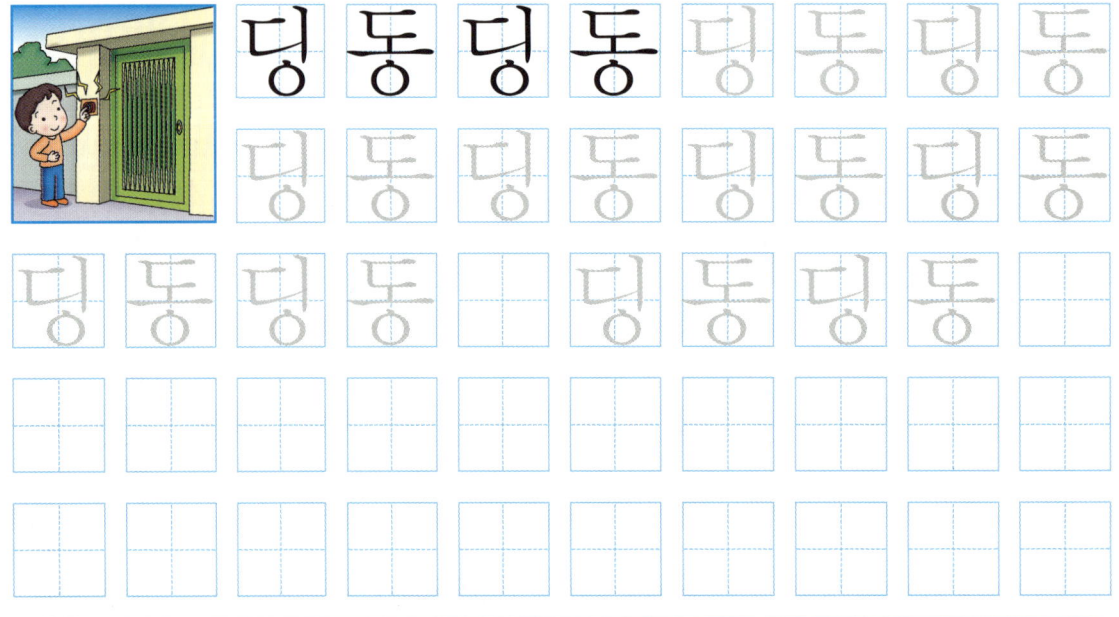

낱말 풀이 초인종: 사람을 부르는 신호로 울리는 종.

읽기 111쪽

✏️ 여러 가지 소리를 흉내 내는 말의 느낌을 생각하며, 따라 써 보세요.

수레가 덜컹덜컹 지나갑니다.

문을 열기 전에 똑똑 노크를 했습니다.

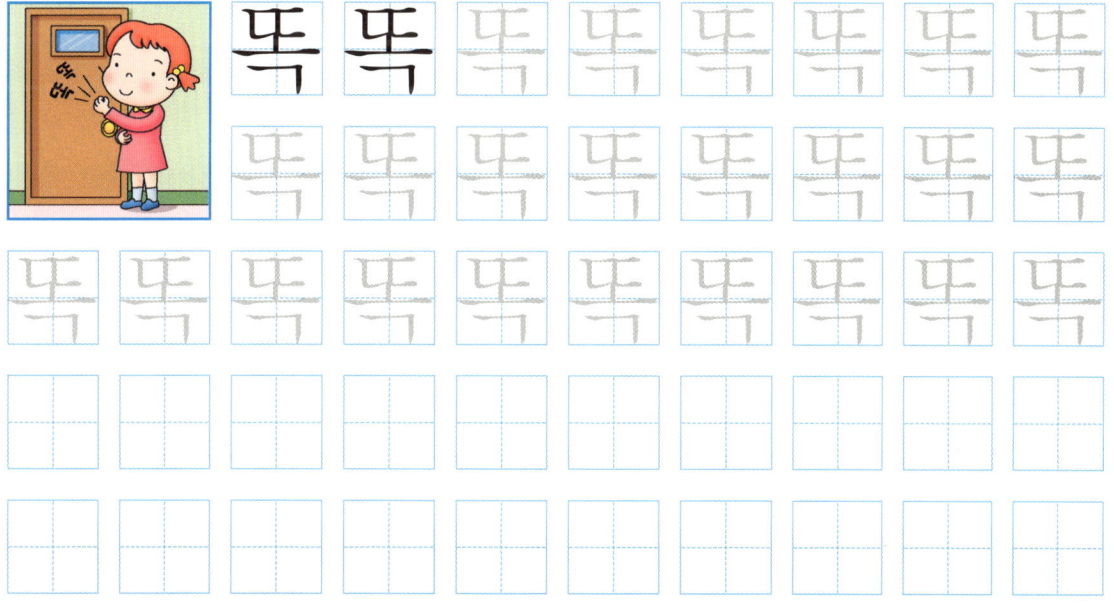

| 낱말 풀이 | 수레: 바퀴를 달아서 굴러가게 한 기구로 짐을 실어 나르기 위한 것.
노크: 문을 '똑똑' 두드려 알리는 신호. |

4. 아, 재미있구나! / 흉내 내는 말

✏️ 여러 가지 소리를 흉내 내는 말의 느낌을 생각하며, 따라 써 보세요.

사진을 찰칵 찍었습니다.

찌개가 보글보글 끓고 있습니다.

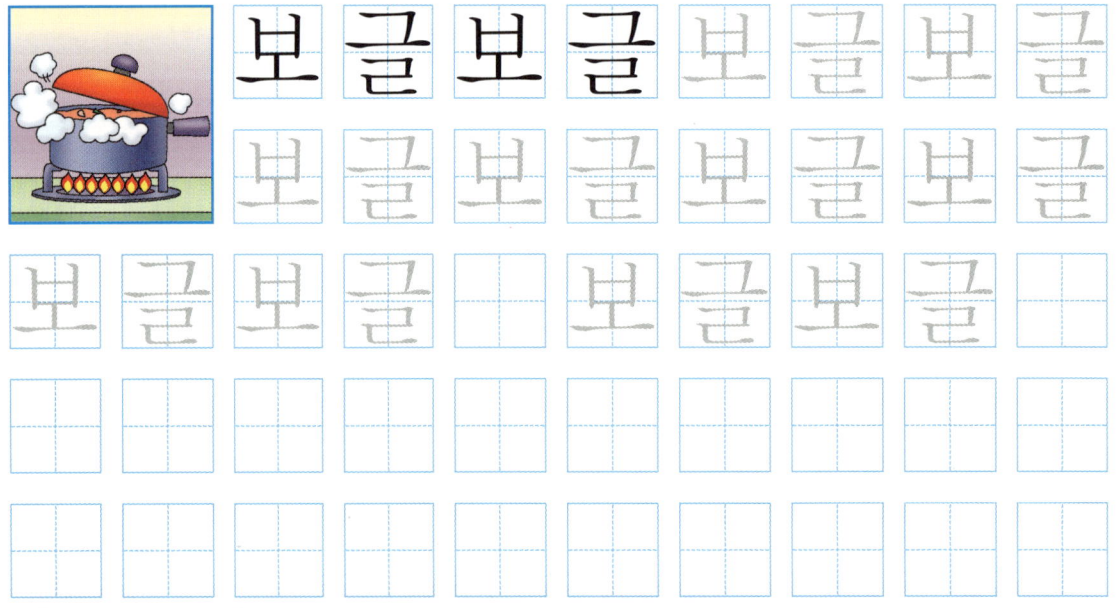

낱말풀이
사진: 실체의 형상을 사진기로 찍어서 오랫동안 보존할 수 있게 만들어 낸 이미지.
찌개: 국물과 고기나 채소를 넣고 온갖 양념을 하여 끓인 반찬.

✏️ 여러 가지 소리를 흉내 내는 말의 느낌을 생각하며, 따라 써 보세요.

기침이 콜록콜록 납니다.

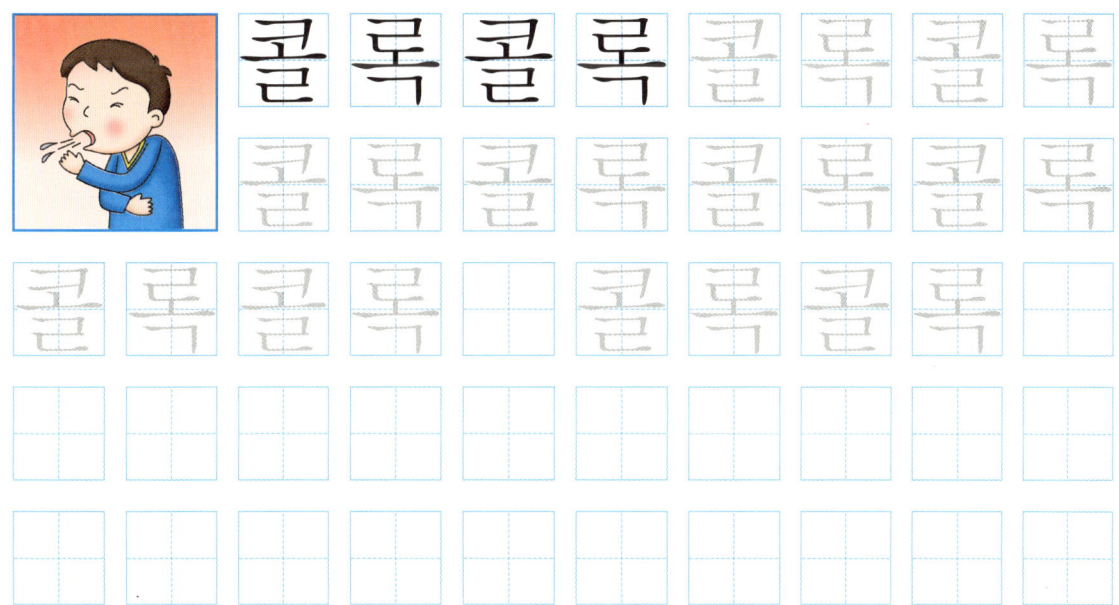

사과 깎는 소리가 사각사각 납니다.

낱말
풀이
기침: 목구멍에서 간지러운 느낌을 터뜨려 내는 소리.
사과: 사과나무의 열매로 속살이 희고 단맛이 나며, 가을에 붉게 익으면 수확하는 과일.

4. 아, 재미있구나! / 반복되는 말이 들어있는 문장

✏️ 반복되는 말의 느낌을 생각하며, 문장을 따라 써 보세요.

개나리가   활짝활짝 ∨
개나리가   활짝활짝 ∨
개나리가   활짝활짝 ∨
개나리가   활짝활짝 ∨

피었습니다.
피었습니다.
피었습니다.
피었습니다.

낱말풀이 활짝: 시원스럽게 펼쳐져 열린 모양.

📝 반복되는 말의 느낌을 생각하며, 문장을 따라 써 보세요.

참새가 짹짹짹 노래합니다.

낱말
풀이
참새: 몸은 다갈색이고 사람들 집 주변에 살며, 해충을 잡아먹는 텃새.
노래: 가사에 곡조를 붙여 목소리로 부를 수 있게 만든 음악.

4. 아, 재미있구나! / 반복되는 말이 들어있는 문장

✏️ 반복되는 말의 느낌을 생각하며, 문장을 따라 써 보세요.

나무가 흔들흔들 흔들립니다.

낱말풀이 나무: 줄기나 가지가 목질로 된 여러해살이식물.

반복되는 말의 느낌을 생각하며, 문장을 따라 써 보세요.

개가 큰 소리로

개가 큰 소리로
개가 큰 소리로
개가 큰 소리로

멍멍멍 짖습니다.

멍멍멍 짖습니다.
멍멍멍 짖습니다.
멍멍멍 짖습니다.

낱말 풀이

개: 사람을 잘 따르고 영리하며 냄새를 잘 맡고 귀가 밝아 사냥이나 집을 지키기도 하는 동물.

4. 아, 재미있구나! / 틀리기 쉬운 문장 익히기

✏️ 틀리기 쉬운 낱말이 들어 있는 문장을 따라 써 보세요.

형제는 밭에 씨를 뿌렸습니다.

낱말 풀이 형제: 형과 아우를 아울러 이르는 말.

✏️ 틀리기 쉬운 낱말이 들어 있는 문장을 따라 써 보세요.

곡식이 누렇게 익

어 좋아했습니다.

낱말
풀이 　곡식: 사람의 식량이 되는 쌀, 보리, 콩, 조, 기장, 수수, 밀, 옥수수 따위를 통틀어 이르는 말.

5. 생각을 펼쳐요 / 낱말 익히기

✏️ 하고 싶었던 말에 대해 생각해 보고, 낱말도 따라 써 보세요.

신문 신문 신문 신문 신문
신문 신문 신문 신문

습관 습관 습관 습관 습관
습관 습관 습관 습관 습관

고기 고기 고기 고기 고기
고기 고기 고기 고기 고기

동생 동생 동생 동생 동생 동생
동생 동생 동생 동생 동생 동생

 낱말 풀이: 습관: 어떤 행위를 오랫동안 되풀이하는 과정에서 저절로 익혀진 행동 방식.

읽기 76~88쪽

✏️ 소리 내어 읽고, 바른 자세로 낱말을 따라 써 보세요.

낱말풀이 입학: 학생이 되어 공부하기 위해 학교에 들어감.

5. 생각을 펼쳐요 / 하고 싶은 말

주장이나 하고 싶은 말에 대해 생각해 보고, 문장도 따라 써 보세요.

읽기 76~77쪽

✏️ 주장이나 하고 싶은 말에 대해 생각해 보고, 문장도 따라 써 보세요.

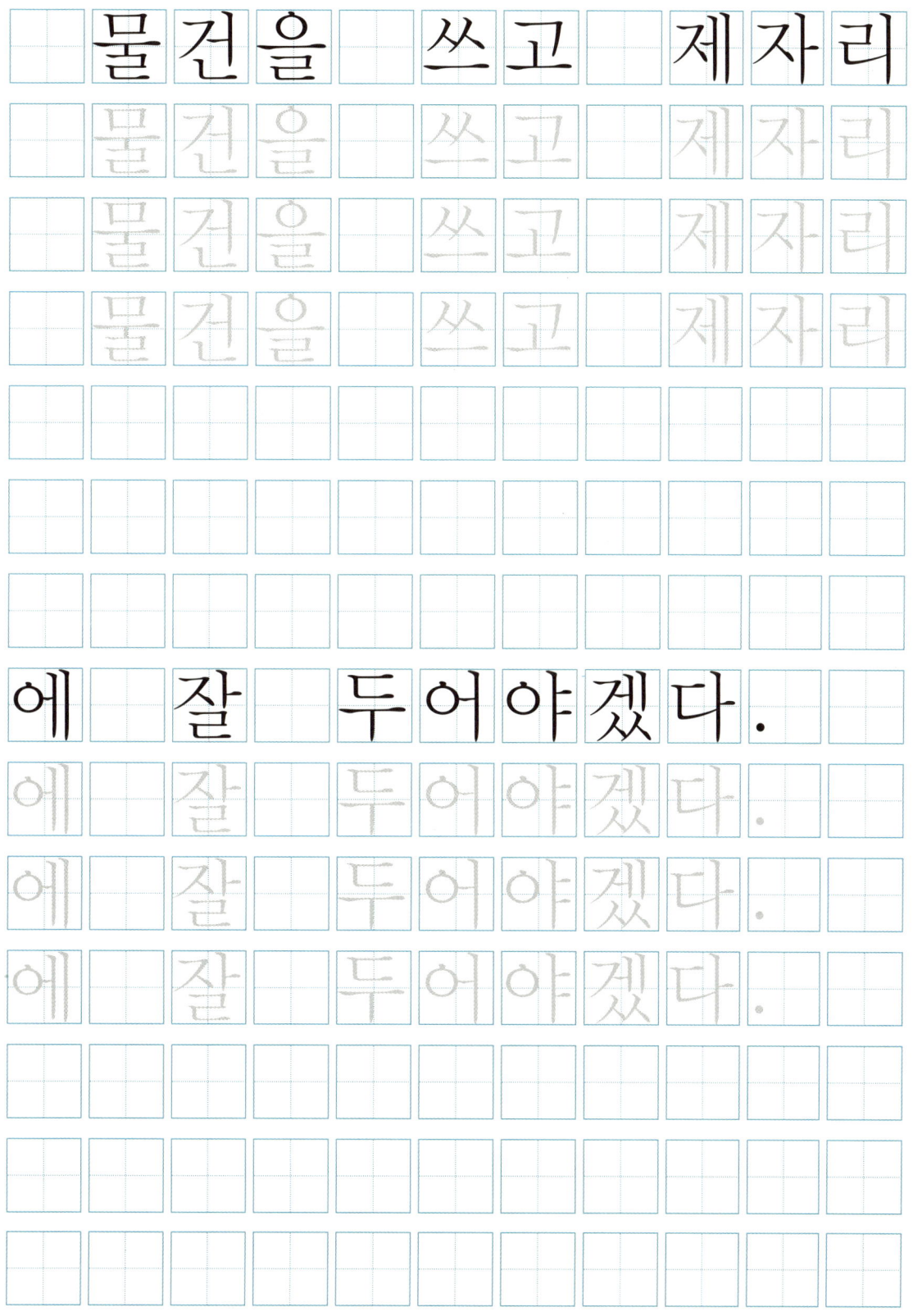

5. 생각을 펼쳐요 / 하고 싶은 말

주장이나 하고 싶은 말에 대해 생각해 보고, 문장도 따라 써 보세요.

✏️ 주장이나 하고 싶은 말에 대해 생각해 보고, 문장도 따라 써 보세요.

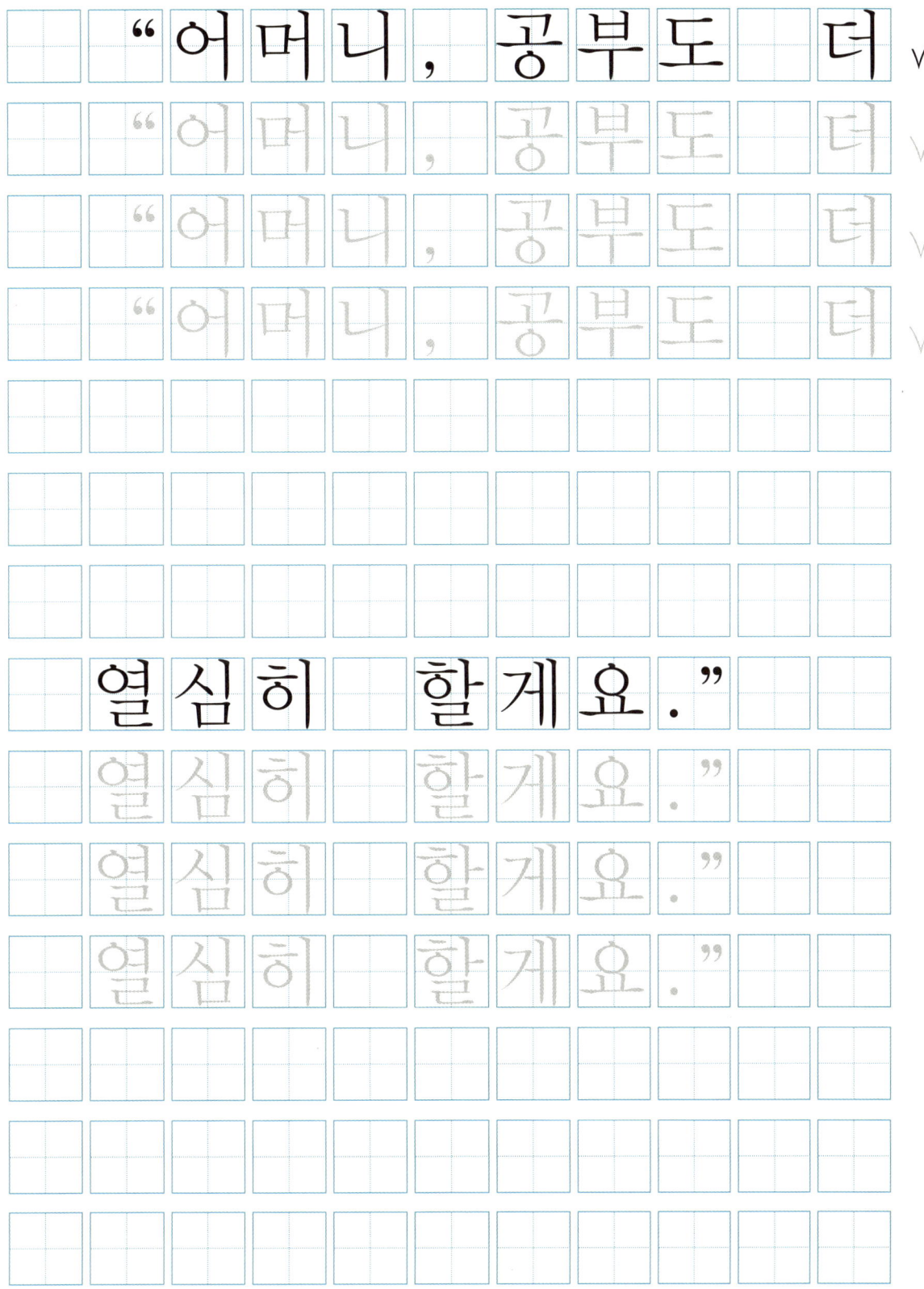

5. 생각을 펼쳐요 / 하고 싶은 말

주장이나 하고 싶은 말에 대해 생각해 보고, 문장도 따라 써 보세요.

읽기 82~83쪽

✏️ 주장이나 하고 싶은 말에 대해 생각해 보고, 문장도 따라 써 보세요.

　음식을　골고루　먹어
야　몸이　튼튼해집니다.

5. 생각을 펼쳐요 / 하고 싶은 말

주장이나 하고 싶은 말에 대해 생각해 보고, 문장도 따라 써 보세요.

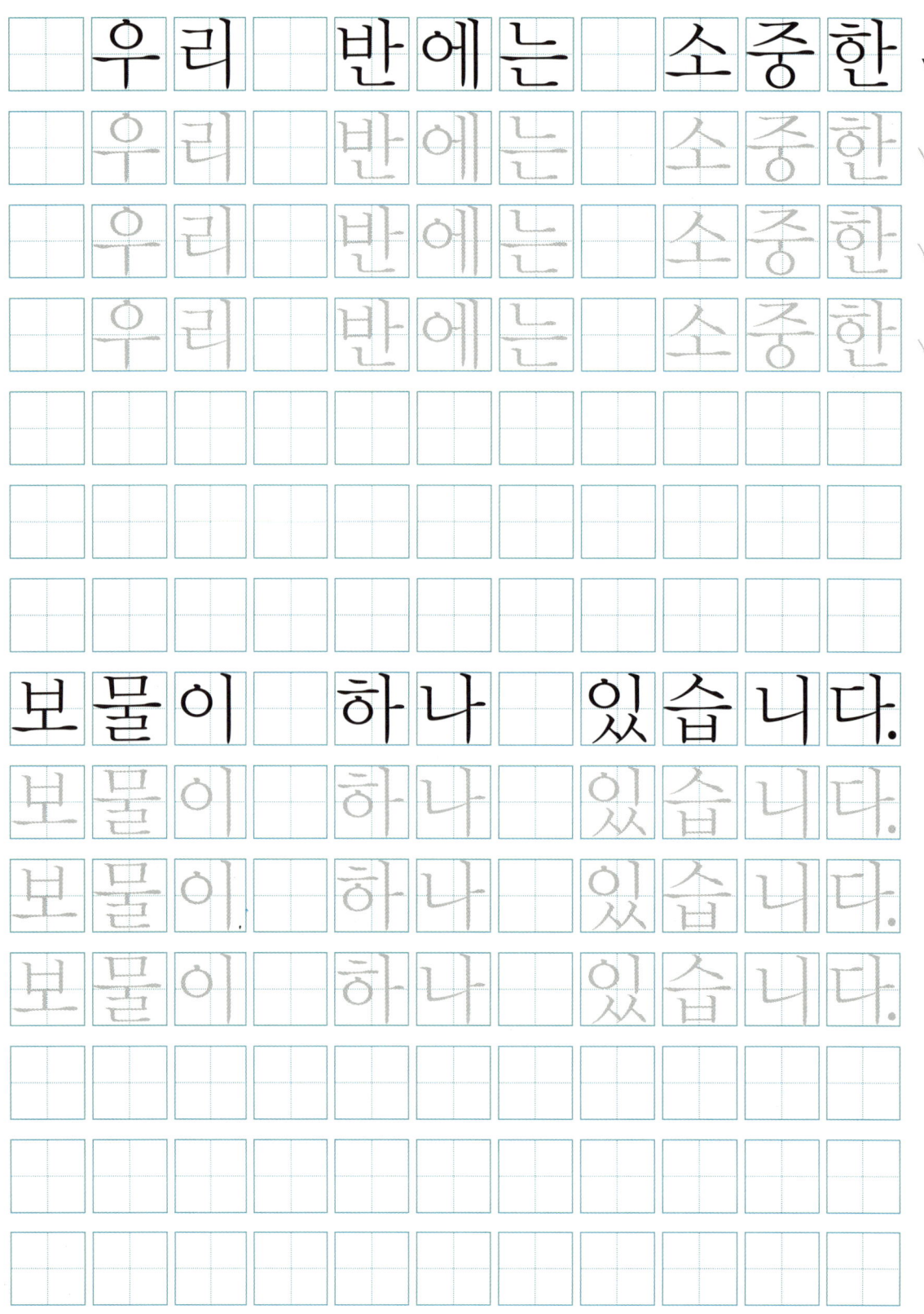

주장이나 하고 싶은 말에 대해 생각해 보고, 문장도 따라 써 보세요.

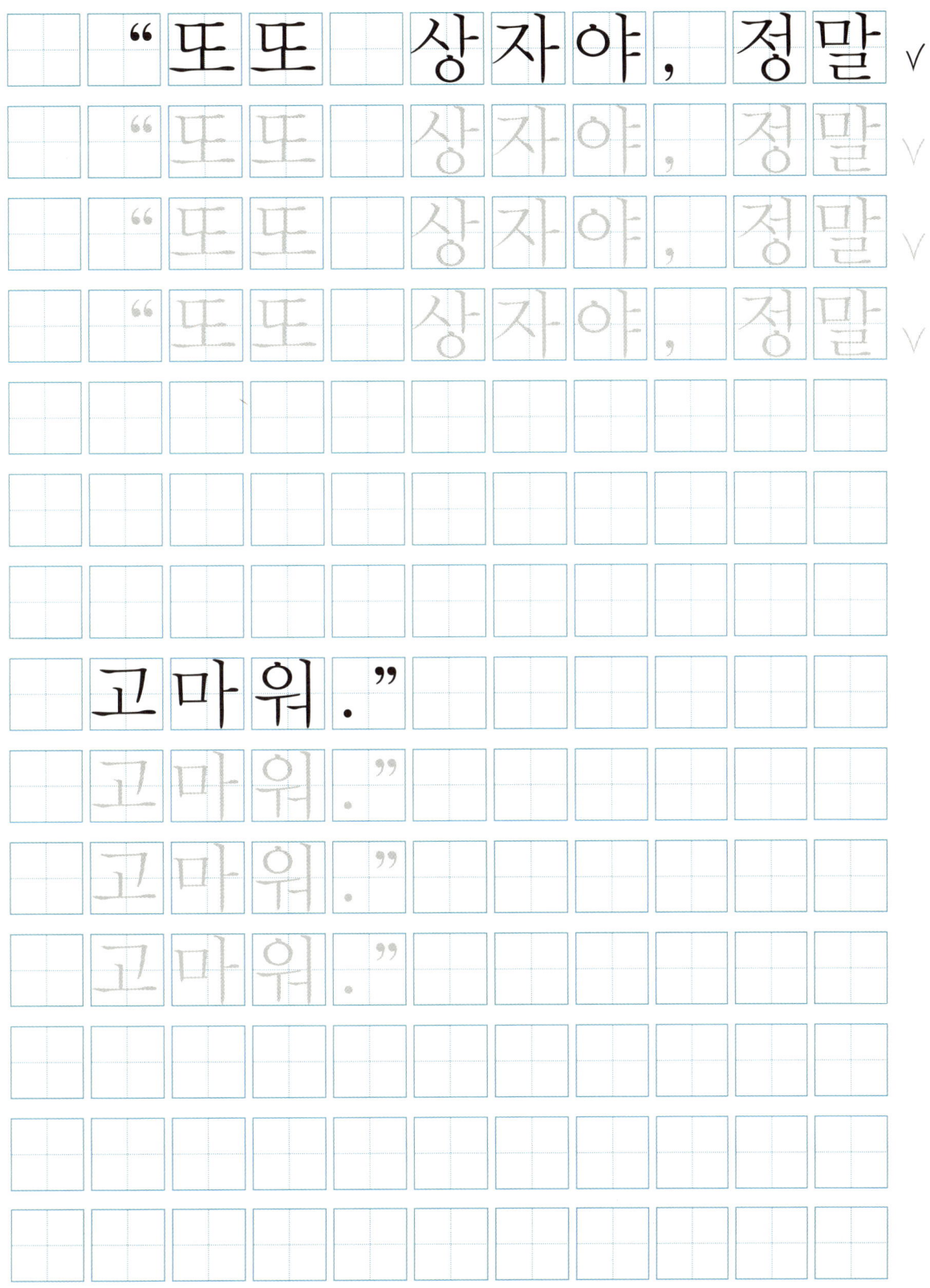

5. 생각을 펼쳐요 / 겪었던 일에 대한 낱말

✏️ 겪었던 일에 대해 생각을 정리하고, 낱말도 따라 써 보세요.

| 낱말풀이 | 장난: 주로 어린 아이들이 재미나 심심풀이 삼아 하는 짓.
쓰레기: 못쓰게 되어 내다 버릴 물건을 통틀어 이르는 말. |

✏️ 소리 내어 읽고, 바른 자세로 낱말을 따라 써 보세요.

낱말 풀이
낙서: 글자, 그림 따위를 장난으로 아무 데나 함부로 쓰거나 그리는 행위.

5. 생각을 펼쳐요 / 생각을 정리하기

📝 겪었던 일에 대해 생각을 정리하고, 문장도 따라 써 보세요.

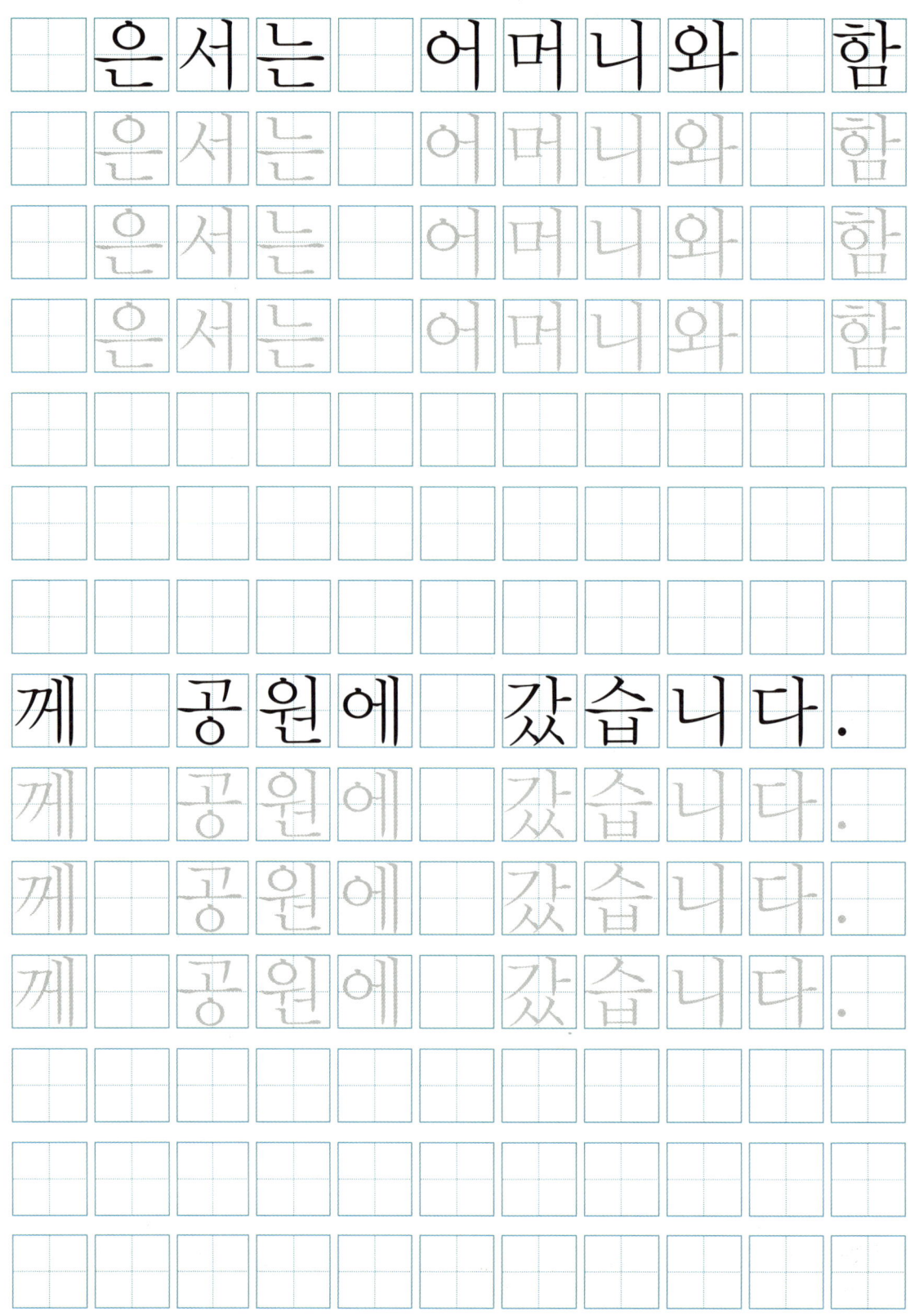

✏️ 겪었던 일에 대해 생각을 정리하고, 문장도 따라 써 보세요.

위험하게 공놀이 하는 사람을 보았습니다.

5. 생각을 펼쳐요 / 생각을 정리하기

✏️ 겪었던 일에 대해 생각을 정리하고, 문장도 따라 써 보세요.

이가 아파서 치과에 갔습니다.

✏️ 겪었던 일에 대해 생각을 정리하고, 문장도 따라 써 보세요.

양치질을 잘하지 않으면 이가 아픕니다.

5. 생각을 펼쳐요 / 생각을 정리하기

✏️ 겪었던 일에 대해 생각을 정리하고, 문장도 따라 써 보세요.

청소 시간에 철수와 ✓

말다툼을 하였습니다.

쓰기 62~63쪽

✏️ 겪었던 일에 대해 생각을 정리하고, 문장도 따라 써 보세요.

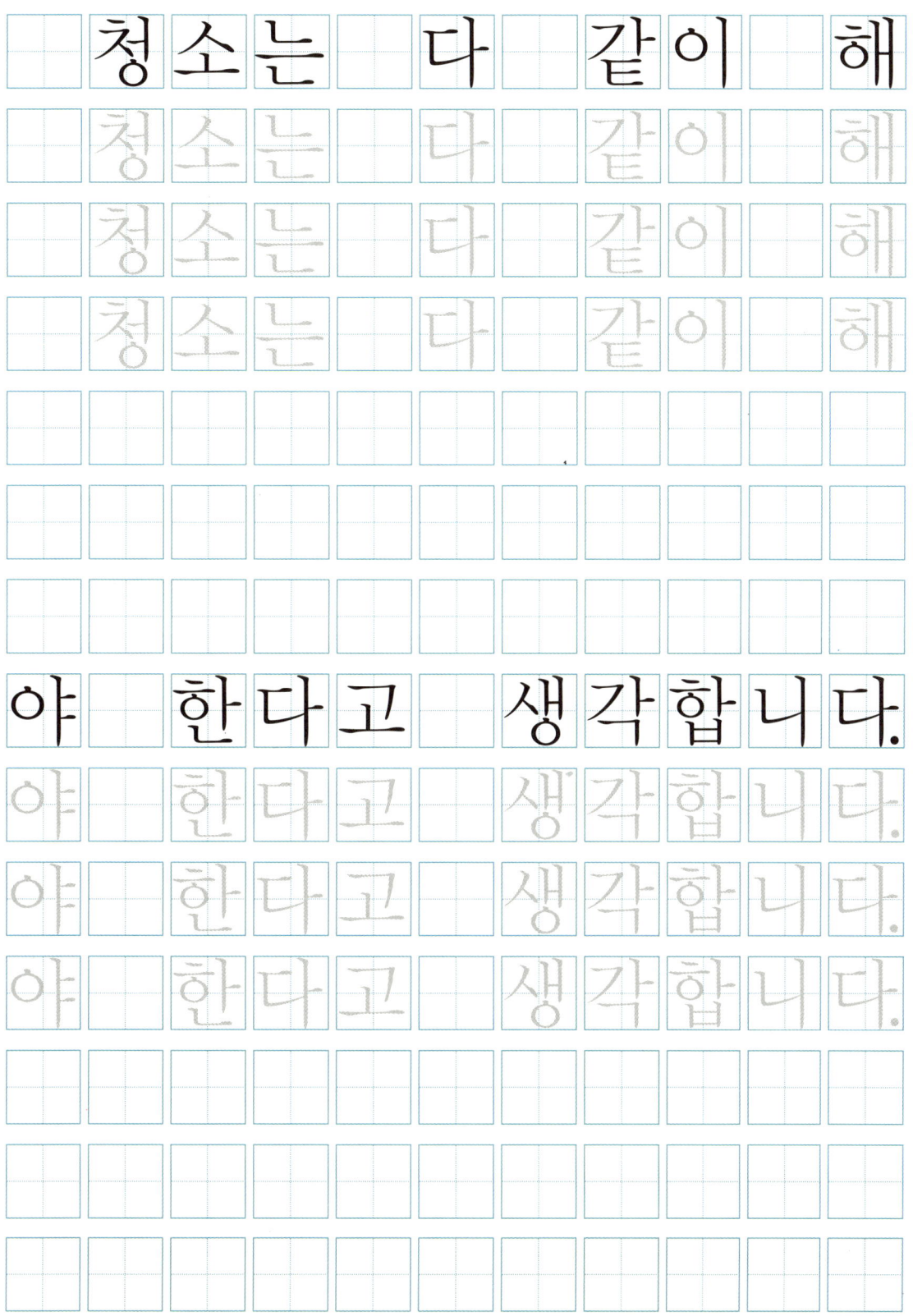

105

6. 느낌이 솔솔 / 소금을 만드는 맷돌

✏️ 이야기를 통해 새로운 낱말을 익히고, 따라 써 보아요.

낱말 풀이
도둑: 남의 물건을 훔치거나 빼앗는 따위의 나쁜 짓, 그런 사람.
임금님: 군주 국가에서 나라를 다스리는 왕.

✏️ 이야기를 통해 새로운 낱말을 익히고, 따라 써 보아요.

낱말풀이 궁궐: 임금이 나라를 다스리며 신하를 거느리고 사는 집.

6. 느낌이 솔솔 / 소금을 만드는 맷돌

✏️ 이야기를 통해 낱말을 익히고, 문장을 따라 써 보세요.

신기한 맷돌이 있었습니다.

📝 이야기를 통해 낱말을 익히고, 문장을 따라 써 보세요.

"나와라, 소금!"

"나와라, 소금!"

"나와라, 소금!"

"나와라, 소금!"

하고 외쳤습니다.

하고 외쳤습니다.

하고 외쳤습니다.

하고 외쳤습니다.

6. 느낌이 솔솔 / 소금을 만드는 맷돌

✏️ 이야기를 통해 낱말을 익히고, 문장을 따라 써 보세요.

맷돌에서 하얀 소금

이 쏟아져 나왔습니다.

📝 이야기를 통해 낱말을 익히고, 문장을 따라 써 보세요.

맷돌이 가라앉아 바
맷돌이 가라앉아 바
맷돌이 가라앉아 바
맷돌이 가라앉아 바

닷물이 짜게 되었어요.
닷물이 짜게 되었어요.
닷물이 짜게 되었어요.
닷물이 짜게 되었어요.

6. 느낌이 솔솔 / 금강산 도라지

✏️ 이야기를 통해 새로운 낱말을 익히고, 따라 써 보아요.

낱말풀이
골짜기: 산과 산 사이에 움푹 패어 들어간 곳.
약값: 약을 사는 데 드는 비용.

읽기 92~95쪽

✏️ 이야기를 통해 새로운 낱말을 익히고, 따라 써 보아요.

낱말풀이
부자: 재물이 많아 살림이 넉넉한 사람.
구슬: 보석으로 둥글게 만든 물건.

6. 느낌이 솔솔 / 금강산 도라지

✏️ 이야기를 통해 낱말을 익히고, 문장을 따라 써 보세요.

도라지는 어머니 무

덤을 찾아갔어요.

✏️ 이야기를 통해 낱말을 익히고, 문장을 따라 써 보세요.

"어머니! 제가 왔어요."

6. 느낌이 솔솔 / 금강산 도라지

✏️ 이야기를 통해 낱말을 익히고, 문장을 따라 써 보세요.

무덤 앞에는 하얀
무덤 앞에는 하얀
무덤 앞에는 하얀
무덤 앞에는 하얀

꽃송이가 피어났어요.
꽃송이가 피어났어요.
꽃송이가 피어났어요.
꽃송이가 피어났어요.

읽기 92~95쪽

✏️ 이야기를 통해 낱말을 익히고, 문장을 따라 써 보세요.

그 꽃을 '도라지꽃'
이라고 불렀어요.

6. 느낌이 솔솔 / 이야기 속 낱말 익히기

✏️ 이야기를 통해 새로운 낱말을 익히고, 따라 써 보아요.

낱말풀이
내기: 어떤 조건을 걸어서 일정한 약속 아래 승부를 서로 다툼.
옷소매: 옷의 양쪽 팔 끝 부분.

읽기 96~101쪽

✏️ 이야기를 통해 새로운 낱말을 익히고, 따라 써 보아요.

낱말풀이
떼굴떼굴: 큰 물건이 잇달아 구르는 모양.
몽땅: 있는 대로 모두 다.

6. 느낌이 솔솔 / 재미있는 장면과 문장

✏️ 이야기를 통해 낱말을 익히고, 문장을 따라 써 보세요.

　세 친구는 오래 참는 내기를 했어요.

✏️ 이야기를 통해 낱말을 익히고, 문장을 따라 써 보세요.

6. 느낌이 솔솔 / 재미있는 장면과 문장

이야기를 통해 낱말을 익히고, 문장을 따라 써 보세요.

"두꺼비야, 떡시루 잡기 내기를 하자."

읽기 99~101쪽

✏️ 이야기를 통해 낱말을 익히고, 문장을 따라 써 보세요.

"어떻게 하는데?"

"어떻게 하는데?"

"어떻게 하는데?"

"어떻게 하는데?"

"좋아, 내기를 하자."

"좋아, 내기를 하자."

"좋아, 내기를 하자."

"좋아, 내기를 하자."

6. 느낌이 솔솔 / 재미있는 장면과 문장

이야기를 통해 낱말을 익히고, 문장을 따라 써 보세요.

산꼭대기에서 떡시루

산꼭대기에서 떡시루

산꼭대기에서 떡시루

산꼭대기에서 떡시루

를 힘껏 굴렸습니다.

를 힘껏 굴렸습니다.

를 힘껏 굴렸습니다.

를 힘껏 굴렸습니다.

📝 이야기를 통해 낱말을 익히고, 문장을 따라 써 보세요.

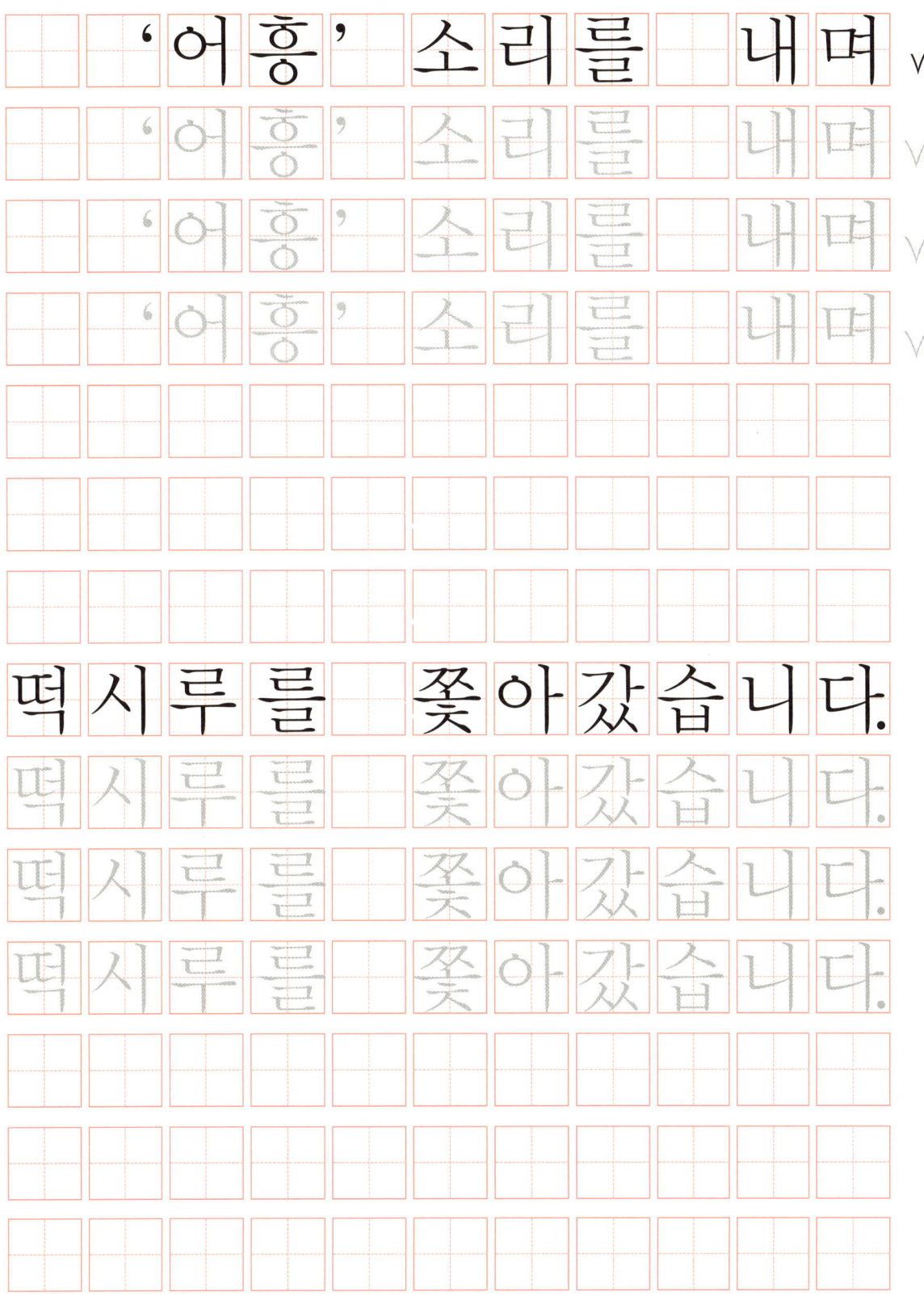